爱 恒 精 新

烟台城乡建设学校校园文化

蔡沐禅 主编

民主与建设出版社
·北京·

© 民主与建设出版社，2023

图书在版编目 (CIP) 数据

爱恒精新：烟台城乡建设学校校园文化 / 蔡沐禅主

编 . -- 北京 : 民主与建设出版社 , 2023.10

ISBN 978-7-5139-4421-2

Ⅰ . ①爱⋯ Ⅱ . ①蔡⋯ Ⅲ . ①中等专业学校—校园文

化—研究—烟台 Ⅳ . ① G718.3

中国国家版本馆 CIP 数据核字（2023）第 215446 号

爱恒精新：烟台城乡建设学校校园文化

AI HENG JING XIN YANTAI CHENGXIANG JIANSHE XUEXIAO XIAOYUAN WENHUA

主　　编	蔡沐禅	
责任编辑	廖晓莹	
出版发行	民主与建设出版社有限责任公司	
电　　话	（010）59417747　59419778	
社　　址	北京市海淀区西三环中路 10 号望海楼 E 座 7 层	
邮　　编	100142	
印　　刷	天津创盈印刷有限公司	
版　　次	2023 年 10 月第 1 版	
印　　次	2023 年 12 月第 1 次印刷	
开　　本	710 毫米 ×1000 毫米　　1/16	
印　　张	9	
字　　数	110 千字	
书　　号	ISBN 978-7-5139-4421-2	
定　　价	29.80 元	

注：如有印、装质量问题，请与出版社联系。

编委会

主　　编：蔡沐禅

副主编：李瑞浩

编　　委：程建中　陈良辉　付　惠　逄　玲　侯　伟　李根阳

苏丽娜　孙莉莉　孙倩倩　孙　燕　王　菲　吴　鹏

许缘园　杨业红　尹甄子　赵国强　张丽洁　郑智文

唯爱可抵　有恒乃成

教育的本质是爱。

教育之爱的重要呈现形式是校园文化。

中学阶段，从少年成长为青年，正是世界观、人生观、价值观形成的重要时期，因此，养成教育极重要。

文化自信是一个国家、一个民族发展中最基本、最深沉、最持久的力量。向上向善的文化是一个国家、一个民族休戚与共、血脉相连的重要纽带。习近平总书记这样教导我们。

文化如水，润物无声。优秀的校园文化可以涵养人、教育人，让孩子成长为大写的"人"，然后德技并修，成长为有用之才。

文以化人，久久为功，乃可成就立德树人之基业。十年树木，百年树人。教育工作者要勇于谋长远、谋万世，发挥校园文化全域育人的功效，引领孩子们乐之，学之，习之，成之。

唯热爱，方可抵达胜利的彼岸。

有恒心，才是走向人生成功的唯一捷径与坦途。

让我们传承中华优秀传统文化，同时拥抱现代科技，在开拓与创新中不断前行，引领孩子们一起走向更加完善的人格，走向全面发展的人生，走向美好幸福的生活。

2023 年 9 月

目 录

前　言　唯爱可抵　有恒乃成

一、校史文化

历史沿革 ··· 2

校　徽 ··· 4

校　风 ··· 5

校　训 ··· 6

二、教学文化

办学理念 ··· 8

指导思想 ··· 8

办学定位 ··· 8

办学目标 ··· 8

教学文化 ··· 9

三、环境文化

楼宇命名 ·· 14

四、专业文化

建筑工程专业部 ·································· 30

机电技术专业部 ·································· 36

国防及信息化教育专业部 ···················· 43

财经管理专业部 ·································· 47

学前教育专业部 ·································· 50

五、职业文化

职业生涯规划 ···································· 56

就业意识养成 ···································· 57

就业洽谈 ··· 58

企业文化 ··· 59

职业道德 ··· 61

六、竞赛文化

实训大练兵 ……………………………………… 64

技能大比武 ……………………………………… 67

思政之光·闪耀世赛 …………………………… 68

第一届山东省职业技能大赛 …………………… 74

七、行为文化

校园礼仪 ………………………………………… 76

安全教育 ………………………………………… 78

卫生防疫 ………………………………………… 83

宿舍文化 ………………………………………… 86

教室文化 ………………………………………… 87

社团文化 ………………………………………… 88

八、习惯文化

严于律己 ………………………………………… 94

勤奋学习 ………………………………………… 95

热爱劳动 ⋯⋯⋯⋯⋯⋯⋯⋯⋯⋯⋯⋯⋯⋯⋯⋯ 97

坚持锻炼 ⋯⋯⋯⋯⋯⋯⋯⋯⋯⋯⋯⋯⋯⋯⋯⋯ 100

承担责任 ⋯⋯⋯⋯⋯⋯⋯⋯⋯⋯⋯⋯⋯⋯⋯⋯ 101

爱心助人 ⋯⋯⋯⋯⋯⋯⋯⋯⋯⋯⋯⋯⋯⋯⋯⋯ 104

讲究卫生 ⋯⋯⋯⋯⋯⋯⋯⋯⋯⋯⋯⋯⋯⋯⋯⋯ 106

礼貌礼仪 ⋯⋯⋯⋯⋯⋯⋯⋯⋯⋯⋯⋯⋯⋯⋯⋯ 107

九、制度文化

学校各级各类先进评选办法 ⋯⋯⋯⋯⋯⋯⋯⋯⋯⋯ 110

《国家奖学金推荐实施方案》 ⋯⋯⋯⋯⋯⋯⋯⋯ 111

《烟台城乡建设学校家庭经济困难学生认定办法实施细则》⋯116

《学分制实施方案（试行）》 ⋯⋯⋯⋯⋯⋯⋯⋯ 121

《学籍管理规定》 ⋯⋯⋯⋯⋯⋯⋯⋯⋯⋯⋯⋯ 125

《违纪学生处分细则》 ⋯⋯⋯⋯⋯⋯⋯⋯⋯⋯ 131

《学生品德考评办法》 ⋯⋯⋯⋯⋯⋯⋯⋯⋯⋯ 135

一 校史文化

历史沿革

烟台城乡建设学校(烟台第二职业中等专业学校)是国家级重点职业学校、国家中等职业教育改革发展示范学校、山东省示范性及优质特色中等职业学校,是世界技能大赛"瓷砖贴面""抹灰与隔墙系统"项目中国集训基地。校区位于芝罘区卧龙北路9号。

学校创建于1982年,前身为烟台市农业技术中学。1984年11月迁至现址。

1987年4月,经山东省教育厅批准更名为烟台第二职业中等专业学校,学校性质为全日制职业中专。

1989年3月,山东省人民政府批准建立烟台城乡建设学校,学校性质为全日制普通中专。此后形成"一套班子,两块牌子"的办学格局。

1990年2月,烟台市人民政府决定将烟台市建筑工程职工中等专业学校合并到烟台城乡建设学校。

1996年2月,经国家教育委员会审批认定为全国首批国家级重点职业学校。

2001年5月,原烟台第四职业中专(1999年烟台第三职业中专并入烟台第四职业中专)并入我校。

2002年4月,经山东省教育厅批准招收"三二连读大专"学生。

2006年3月,牵头组建成立全市第一家职业教

育集团——烟台市建筑职业教育集团。

2008年8月，成立工程管理专业科和机电与经济管理专业科，实行专业科二级管理模式。

2009年4月，成立中国共产党烟台城乡建设学校委员会。

2012年8月，被教育部、人社部、财政部确定为国家中等职业教育改革发展示范学校建设计划项目学校。

2017年9月，被山东省教育厅确定为山东省示范性及优质特色中等职业学校建设工程项目学校。

2019年1月，由烟台市教育局直属管理。

2021年12月，被山东省教育厅确定为第一批山东省高水平中等职业学校建设计划立项建设单位。

校 徽

　　校徽主体以红色和灰色两种颜色为主，采用矛盾空间的设计思路，在二维空间里表现了三维的立体效果，整体像一座立体的建筑物，红色图标分别是"城建"的拼音首字母"C"与"J"的变形，两者相呼应代表了学校始终坚持理论与实践相结合，教书与育人相结合的教育方针，红色象征着学校朝气蓬勃、健康向上的精神。中间三条灰色的"横折横"象征着向上的阶梯，代表全校师生紧密团结、终身学习、积极进取。

校　风

团结　紧张　严肃　活泼

　　"团结、紧张、严肃、活泼"是原中国人民抗日军政大学（以下简称"抗大"）的校风。1937年，毛泽东为抗大制定了八个字的校训——团结、紧张、严肃、活泼"，并写进了抗大颁发的《组织条令》中。中国人民解放军在长期革命斗争中养成了优良的作风，毛泽东把它概括为三句话："坚定正确的政治方向，艰苦朴素的工作作风，灵活机动的战略战术。"这三句话和八个字通称为"三八作风"，后演化成为抗大的校风，成为解放军全军学校的校风。

　　团结：就是要人心齐，凝心汇智，共同努力。团结出战斗力。团结是办好一切事情的前提和基础。

　　紧张：就是要高标准、严要求，讲求效率，提高质量。要向先进看齐，向先进学习；要形成一种你追我赶、争先创优的浓厚氛围，通过"比、学、赶、帮、超"，促进工作、学习再上新台阶。

　　严肃：就是要守规章、用心做事，不能马虎，不得敷衍。要以严肃认真的态度对待工作，工作中严谨、细致，不出差错。

　　活泼：就是要勇于创新、善于突破，生龙活虎，丰富多彩。

　　学校以"团结、紧张、严肃、活泼"八个字作为校风，既是对革命优良作风的继承和发扬，又是培育社会主义核心价值观、推进学校高质量发展的具体实践。通过校风建设，增强全校师生员工的凝聚力、向心力、执行力，师生员工互敬互爱、密切合作、齐心协力，使学校工作有条不紊、张弛有度地推进，为学校高质量发展提供强大精神动力。

校 训

爱 恒 精 新

爱——平等博爱　修德砺能

恒——持之以恒　笃行致远

精——精益求精　臻于至善

新——守正创新　开拓进取

二　　教学文化

办学理念

遵循"为学生可持续发展奠基"的办学理念，让每个学生都有人生出彩机会。人人皆可成才，个个人生出彩。

指导思想

以习近平新时代中国特色社会主义思想为指导，全面贯彻党的教育方针，落实立德树人根本任务，不断提高学生政治觉悟、道德品质、文化素养、技能水平，培养德智体美劳全面发展的社会主义建设者和接班人，服务学生成长成才和社会经济发展。

办学定位

坚持"就业与升学并举"，培养独立、幸福、完整的高素质劳动者和技术技能人才，让学生就业有能力、升学有优势、发展有通道。

办学目标

立足质量，建树品牌，建设"高水平、现代化、有特色（品牌化）"的职教名校。

教 学 文 化

  烟台城乡建设学校 40 年的发展历程，一代代建校人的接续努力，将"严谨务实、追求卓越"的建校精神，"爱、恒、精、新"的校训，"团结、紧张、严肃、活泼"的校风，"全面成才、追求卓越"的培养理念，深深嵌入发展血脉之中，形成了独特的"德技并修，育训结合"教学文化，即科学人文素养与岗位技术技能同步提升，使得学校专业教育与社会培训得到同步实施。

  "德技并修，育训结合"的教学文化建设聚焦于专业教学改革和教师队伍建设，提出了"一标双向三合四融五育"的高技能人才培养新模式，形成了"三段四维"网格式教师培养的新体系，从而赋能于高素质劳动者和技术技能人才培养，提高了人才的社会竞争力。

一、"一标双向三合四融五育"高技能人才培养新模式

一标：以培养高素质劳动者和技术技能人才为教育目标。

双向：以提高受教育者职业综合素质和行动能力为教学方向。

三合：产教融合、校企合作、工学结合。

四融：学校教育融入企业文化，专业设置融入产业发展，课程内容融入职业标准，教学实习融入生产过程。

五育：德智体美劳五育并举，同向同行，同心同力，落实立德树人根本任务。

二、"三段四维"网格式教师培养新体系

三段：合格教师、骨干教师、教学名师的纵向三级阶段递进式的教师完整成长过程。

三个阶段对应教师成长的不同时期，落实立德树人的根本任务和树立优良的师德师风是任何一个阶段评价考查的第一要素。在此基础上，充分考虑各阶段教师成长与发展的特点。合格教师阶段，重点考查基本教学能力、职业技能等。骨干教师是师资中坚力量，重点考查"双师"素质、教学任务承担、教学质量、适度的教研科研等。教学名师是学校各专业、各基础学科的主导者和领军人物，重点考查专业学科建设与发展、技术应用研发和服务社会等。

四维：贯穿教师教育教学全过程的师德师风、教育教学、职业技能、教研科研四个横向方面素养与能力。

师德师风维度重点设置理想信念、道德情操、立德树人要求、课程思政元素、授课纪律等考查点，引导教师以德立身，坚持将立德树人作为最根本

任务，做中国特色社会主义共同理想的坚定信仰者和忠实实践者。

教育教学维度重点设置教学设计、教学质量考核、教学任务承担、教学业务竞赛等考查点，引导教师潜心一线教学，不断追求高质量的教学效果。

职业技能维度重点设置专业技能证书、企业实践、专业技能竞赛等考查点，引导教师强化职业技能锻炼，提升"双师"素质。

教研科研维度重点设置教学建设成果、教学研究成果及应用、科研成果及应用等考查点，引导教师积极进行教研科研，将各项研究成果应用于教学，提升教科研成效。

在"三段四维"网格式教师培养新体系下，学校以全面提升教师育人能力为宗旨，开展一系列培训和比赛活动。组织开展青蓝工程，通过师徒结对，发挥骨干教师"传、帮、带"作用，引领青年教师成长；推出乐向美好生活云课堂，利用网络平台的教育功能，提升教师信息化教学能力；开展教师集体备课会，围绕党的教育方针政策进行深入交流与研讨，确保新观点、新内容第一时间进教案、进课堂、进学生头脑；开展教学大比武活动，激励教师在夯实教学基本功的同时全面提升教学能力；开展课程思政教学比赛、汇报课、公开课等教学比赛活动，以赛促教，引导教师自觉将思政教育融入各类课程教学，构建学校"大思政"育人格局；组织教师参加公益直播讲堂、国家在线精品课程建设研讨会、国家职业教育智慧教育平台应用推广培训、暑期教师研修等系列培训，促进教师专业发展；建立常态化教研机制，从学校、专业部、教研组、名师工作室四个层面开展教学研讨和课题研究活动，提升教师教科研水平；定期选派教

师到企业进行岗位实践，学习新技术、新工艺、新规范，从而改进专业教学。

通过各种活动和比赛，教师教育教学能力、专业水平、综合素质和创新能力都得到了全面的提升。教师队伍建设方面取得了骄人的成绩：学校有3个"山东省职业教育名师工作室"、1个"齐鲁名师领航工作室"、2个"省级教学创新团队"、1个"山东省技艺技能传承创新平台"、1个"国家级技能大师工作室"；学校有"山东省优秀教师"1人、"齐鲁名师"2人、"山东省青年技能名师"3人、"烟台名师"3人、"烟台市教坛新秀"6人、"烟台市学科带头人"2人、"市级名班主任"2人。

近三年，学校教师中有35人获烟台市级优质课奖；33个教学团队获得教学能力大赛奖，其中17个团队获得烟台市教学能力大赛一等奖；学校有13个烟台市课题立项、27个烟台市课题结题。有4个山东省课题立项、7个山东省课题结题；学校获得1个省级教学成果一等奖、1个省级课程思政示范课程、1个市级教学成果特等奖、2个市级教学成果一等奖。

三　环境文化

楼宇命名

一、办公楼

12号楼：炎培楼，学校行政办公楼。黄炎培，我国近代杰出的教育家和社会活动家，我国近代职业教育的创始人和理论家。1917年，他在上海发起创立中华职业教育社，次年创办了中国近代教育史上第一所用"职业学校"命名的中华职业学校（现中华职业学校、南京工业职业技术大学），为改革落后的传统教育，建设中国的职业教育，做出了重要贡献。以"炎培"命名，激励干部、教师不忘初心，踔厉奋发、笃行不怠，持续深化职业教育教学改革，不断推进学校职业教育高质量发展。

1号楼：崇正楼，学校后勤服务办公楼。以"崇正"命名，寓意学校崇正尚能，不忘初心，担当有为，守正创新。

二、教学楼

3号楼：天佑楼，机电技术专业部教学楼。"天佑"二字取自中国杰出铁路工程师詹天佑。寓意学校机电技术专业部开拓进取，敬业坚守，迎难而上、追求卓越，胸怀天下、立己达人。

7号楼：戎耀楼，国防及信息化教育专业部教学楼。"戎"字由"戈"和"甲"构成，是我国古代兵器的总称，又通"荣"。取名"戎耀"意为热血儿郎参军光荣，激发同学们携笔从戎、保家卫国的爱国主义情怀。

10号楼：思成楼，建筑工程专业部教学楼。"思成"二字取自中国近代建筑之父梁思成。"思成"二字，借以祝福建校学子勤学多思、善作善成。

11号楼C区：鹤琴楼，学前教育专业部教学楼。"鹤琴"二字取自中国著名儿童教育家、儿童心理学家，中国现代幼儿教育的奠基人陈鹤琴。他一生从事一系列开创性的幼儿教育研究与实践。以"鹤琴"命名，象征着学前教育专业部立足专业、扎实学风，鲜活课堂、寓教于乐。

三、实训楼

2号楼：聿铭楼，建筑装饰专业实训楼。"聿铭"二字，取自世界著名建筑设计师贝聿铭，他曾为推进中国建筑现代化做出重要贡献。取名"聿铭"，寓有光明之意，赋予专业以光明，期望建校学子在专业道

路上扬帆远航，为祖国建筑事业贡献自己的力量。

4号楼：知行楼，机电专业实训楼。知而不行，只是未知，知行合一，笃行致远。取名"知行"，知中有行，行中有知，是希望城建学子在做中学、在学中做，修德砺能，知行合一。

13号楼：鲁班楼，社会岗位职业培训基地。鲁班是中国土木工匠的始祖，是中国古代劳动人民创造和发明的代表人物。以"鲁班"命名，寓意学校社会培训工作以人为本、创新创优，为社会培养更多的能工匠才。

14号楼：致远楼，世界技能大赛中国集训基地。"非淡泊无以明志，非宁静无以致远。"致远体现的是一种矢志不渝的精神，要立足现实，不为浮云遮望眼。以"致远"为名，旨在弘扬精益求精的工匠精神，激励广大青年面向

现代化、面向世界、面向未来，要锐意进取、开拓创新，走技能成才、技能报国之路。

四、图书楼

8号楼：致知楼，学校图书馆。"致知"取自《礼记·大学》："致知在格物，物格而后知至。"告诫同学们要好读书、读好书，通过读书完善自己、履践致远。

五、宿舍楼

以"植物"为名，取其"寓意"。松、竹经冬不凋，梅花耐寒开放，因此有"岁寒三友"之称。

6号楼：男生宿舍楼，取名"竹苑"，取竹子之意。竹，象征着顽强的生命、青春永驻；竹子空心代表虚怀若谷的品格；其枝弯而不折，是柔中有刚的做人原则；生而有节、竹节必露则是高风亮节的象征。竹子挺拔洒脱、正直清高、不畏霜雪，且"未出土时先有节，及凌云处尚虚心"，有君子之风。

9号楼：女生宿舍楼，取名"梅苑"，取梅花之意。梅花耐寒开放。在中国传统文化中，梅象征冰清玉洁，以它的高洁、坚强、谦虚的品格，能够给

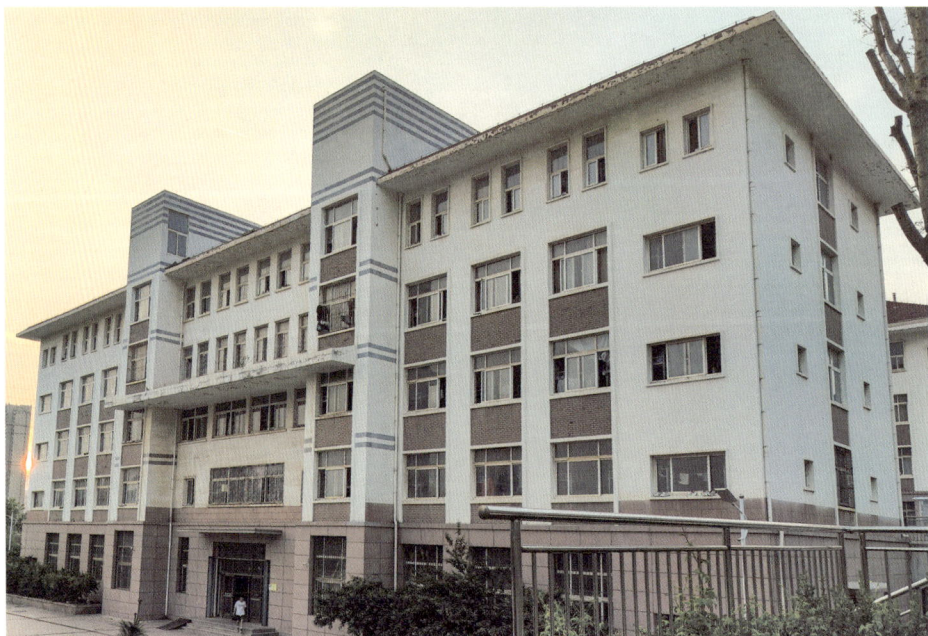

人立志奋发的激励。梅花不惧严寒，傲然独放，有着"遥知不是雪，为有暗香来"的崇高品格和坚贞气节，不与百花争春的高洁之美。

11号楼A区：男生宿舍楼，取名"松苑"，取松树之意。松树象征坚贞，松枝傲骨峥嵘，庄重肃穆，且四季常青，历严冬而不衰。《论语》赞曰："岁寒然后知松柏之后凋也。"

六、餐　厅

5号楼：思源餐厅，取名"思源"，意指师生要时常感念"一粥一饭，当思来之不易；半丝半缕，恒念物力维艰""谁知盘中餐，粒粒皆辛苦"，养成勤俭节约的好习惯，杜绝浪费。

七、校名墙

校名墙是由我校世赛选手采用传统的"三一砌筑法",融入先进的切割技术、精湛的技艺,将 1600 多块砖切割砌筑建成的花式砌墙。整面墙呈现和展示的是校名与校徽,旨在弘扬和传承劳动精神、工匠精神。

八、"而今迈步从头越"

红立方东侧天佑楼山墙上，一眼望去，映入眼帘的是伟人毛泽东的诗句——"而今迈步从头越"，七个描红大字，苍劲有力，气势磅礴。学校在建校40周年之际，引用毛泽东的诗句，寓意深刻，彰显的是我们昂首挺胸不屈不挠的精气神，挑战自我超越自我的大气魄，搏击风浪攻坚克难的真功夫，乘势而上奋力推进学校跨越发展的雄心和决心。

九、"立德树人"照壁墙

　　炎培楼东北角照壁墙上，镶有十二个大字。照壁正中"立德树人"四个大字格外醒目，它揭示了教育的本质是培养人——为党育人、为国育才。两侧"团结紧张　严肃活泼"采用毛体字形式，体现的既是学习、工作所必需的积极氛围，更是办学所该坚持的老传统、好传统。

十、红立方

红立方又名"建设空间",与校名"烟台城乡建设学校"相呼应。红色基调象征热情、活泼、团结、进取。雕塑的主体是学校徽标组合的六面体。基座设计标高1.982米,寓意1982年建校。基座为梯台性,寓意步履坚实、攀登进取。用篆、隶、行等书体镌刻的"爱、恒、精、新"四字,蕴含着大爱博爱、持之

以恒、精益求精、守正创新，贯穿着工匠精神和学校发展理念。它就像一把火炬，时刻照耀着师生和光同尘，向光而行，激励教师热爱和献身教育事业，劝勉学生忠心向党、成长成才，为实现中华民族复兴伟业贡献力量。

十一、展宏图

"展宏图"青山浮壁石雕坐落在世赛基地东侧的坡墙上，它采用了烟台当地老村落民居建筑的构件，装饰图案借鉴了汉瓦当的吉祥纹饰。

瓦当是中国建筑檐头瓦筒的前端下垂部分，又称为筒瓦头、檐瓦头等，主要作用是保护建筑中使用的主体结构不受风雨的侵蚀，从而延长建筑的寿命，增加房屋的安全性，修饰房屋的外观。

瓦当的圆面上印有纹样，以增强美观，而这个圆面是整个瓦当最为出彩的部分，属于中国特有的艺术文化表现形式。

展宏图从设计外观上看是一幅祥云、如意图，寓意吉祥如意；从设计理念上讲，历经百年的瓦当和滴水镶嵌在这面墙上，与世赛基地珠联璧合，古今辉映，寓意学子们传承工匠精神，继往开来，大展宏图。

十二、益亩花田

益亩花田前身是"感恩园"，由1998届毕业生捐赠建成。春余夏初，花红叶绿，松柏、翠竹等四季常青，牡丹、芍药等争奇斗艳。众多师生漫步花田，赏花留影，足不出校就可感受大自然的蓬勃生机。

一座"感恩园"石碑矗立花田中，寄寓着毕业生们对母校的拳拳之心和诚挚祝福：祝愿母校如这繁花似锦的花田，灼灼其华；收获春华秋实，生生不息！

一尊日晷，坐落于花田北侧，"日月经天，日影行地，晷针留影"，激励莘莘学子珍惜光阴，与时俱进。

益亩花田，"益"取其精益、公益之意。春发其华，秋收其实。师生在劳动中，体味春华秋实，有始有终；在实践中锤炼坚毅与智慧，激发审美志趣，继而培养乐于奉献、精益求精的"土木人"。益亩花田也是劳动实践园，园中一草一木，皆由学生们辛勤耕耘，细心呵护。"熠熠青春逢盛世，执着追梦四时同。"益亩花田秉持"以劳育美、以劳强体、以劳树德"的育人理念，哺土木芳华，育建工华章！

十三、迎客松砌筑风景墙

迎客松破石而生，寿逾千年，姿态苍劲，坚毅挺拔，聚和平、热情、包容、坚强品质于一体。迎客松砌筑风景墙运用了现代切割技术，采用了先进组砌方式进行施工，由全国技术能手宋志超带领世赛选手们，历时65天，横跨春夏两季，切割1万余次，用2283块砖拼成了长5365毫米，高3392毫米的鸿篇巨著。画面气势宏伟、苍劲有力，融美学与力学于一体，培养了世赛选手活学活用、学以致用的能力，是世赛成果转化的一次灵活体现。

迎客松扎根石岩，历经千年风雨，不屈不挠，体现了现代工匠吃苦耐劳、执着坚定、顽强拼搏的精神。它那伸展的长臂，海纳百川的气势，也与学校开门办训，大胆借鉴国内外先进技术，广纳天下英才的气度相契合。

四　专业文化

建筑工程专业部

一、专业部简介

建筑工程专业部坚持"共享、引领、升级"的理念，积极对接行业、企业，打造智能建造专业群，实施"理实一体、教学做合一"的人才培养模式。

近年来，专业部承担国家级教研课题 4 项、省级课题 5 项、市级课题 8 项、省级精品资源共享课程 2 项，荣获省级教学成果一等奖 1 项、二等奖 2 项、拥有山东省名师工作室 1 个、山东省技艺技能传承创新平台 1 个、全国 1+X 技能等级考试试点 4 个，成为烟台市乃至山东省建筑专业的名片。

专业部技能大赛成绩突出，获世界技能大赛优胜奖 3 个、全国职业院校技能大赛一、二等奖 17 个、省赛一等奖 17 个、全国建筑行业技能大赛一等奖 9 个、中国技能大赛装配式建筑职业技能竞赛特等奖 1 项、上合组织国际邀请赛砌筑项目金奖 1 项、全国 BIM 建筑工程算量赛项一等奖 1 项、全国住房城乡建设行业"陕建杯"钢筋项目冠军 1 项。

二、培养目标

培养掌握建筑工程技术岗位工作所需要的专业技能，能从事建筑施工与安全管理、工程质量与材料检测、土建预算与工程监理等工作的技术技能型人才。

三、专业设置

设有建筑工程施工、道路桥梁工程施工、建筑工程造价三个专业。其中建筑工程施工、道路桥梁工程施工专业是国家示范校重点建设专业。

（一）专业简介

1. 建筑工程施工

建筑工程施工专业是山东省品牌专业，主要培养从事建筑施工、监理等技术工作的技术型人才。

就业方向：毕业生面向建筑类企业，主要从事建筑工程施工与测量、建筑制图、施工安全与质检、工程监理等相关的工作。近年来，大部分毕业生进入山东德信集团、烟台建设集团、中铁八局等知名建筑企业就职。

2. 建筑工程造价

建筑工程造价专业是以经济学、管理学为理论基础，以工程项目管理理论和方法为主导的学科，也是我校作为山东省示范校的重点建设专业。

就业方向：毕业后进入建筑类企业，从事建筑工程造价咨询与预决算、房屋工程资料的收集与整理、绘制建筑信息模型等工作，可考取预算员、资料员等职业资格证书。

3. 道路桥梁工程施工

道路与桥梁工程施工专业主要培养一线道路与桥梁施工技术领域的技术技能型人才。

就业方向：毕业生可进入市政管理、道路与桥梁建设公司就职，从事市政道路桥梁、市政轨道交通工程施工与维护、施工现场安全管理等工作。

（二）课程设置

设有公共基础课、专业基础课和专业技能实训课。

（三）教学设施

现有建筑智能实训中心一处，内有混凝土结构、砌体结构、装配式结构三个工法楼。设有BIM实训中心、砌筑实训室、钢筋绑扎实训室、测量实训室，

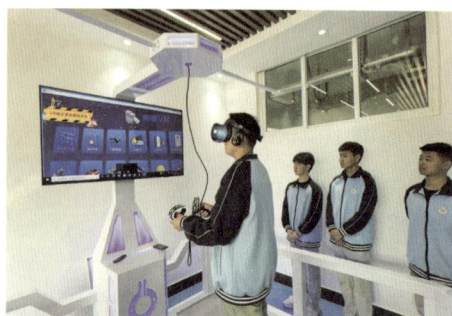

广联达建筑工程算量实训室、CAD制图训练室、建筑材料实验室、智慧模型创客空间、施工仿真等实验实训场所。

（四）实习实训

成立建筑专业建设指导委员会，校企合作自主开发多种校本教材。依托建筑职教集团优势，与多家建筑企业签订校企合作育人协议、校外实习实训基地协议、现代学徒制校企合作协议，拓展学生实习实训岗位，实现校企共同育人。

四、育人活动

（一）思政引领

专业部坚持"为党育人、为国育才"的理念，走"立德树人、技能成才"之路，

大力开展理想信念、劳动实践、安全法治等教育，培育和践行社会主义核心价值观，德技并修，守正创新，着力培养学生爱岗敬业、诚实守信、精益求精等精神品格。

组织"引经据典·津津乐道"经典教育影片展、"弘扬传统文化，砥砺家国情怀"歌咏比赛，传承爱国精神，树立学生正确的人生观、价值观。开展"读史明智，知古鉴今"《资治通鉴》品读会、"丈量房屋，绘制美家"模型展、"我和我的专业"故事演讲等活动，激发学生的奋进意识，提高道德品质与文化素养。

（二）活动育人

1. 紧扣时代主旋律，实现全过程育人。启动"至清之声，土木之美"晨、午美育教育，开展"诗词大会""经典咏流传""跟着设计去旅行"等欣赏活动，熏陶渐染，丰厚学生的文化底蕴。开展"青春向党，技能强国"

系列活动,组织学科竞赛,强化技能训练,使学生明悟"力学笃行,履践致远",培养工匠精神。

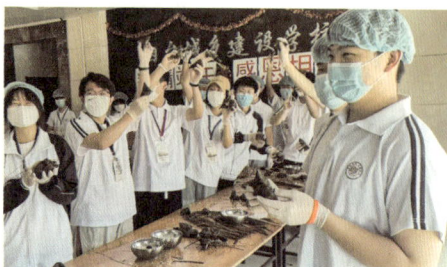

2.笃行不怠以劳赋能,凝心聚力以劳树德。开展民俗劳动实践作业评选,以"厉行节约,勤俭自强,变废为宝"为主题,进行黑板报、手工DIY评比,培养学生勤俭节约的良好习惯。组织"'粽'情端午,感恩相伴"师生包粽子活动,体会传统文化内涵。

3.坚持以美育人、以文化人。组织"学会生活、感悟成长"美文展、"珍惜当下、不负韶华"战疫感悟演讲、致敬"大国工匠"影片展等,提升审美素养,陶铸健康品格。开展"建筑本天成,妙手偶得之——二维、三维建模展""防疫'心'知识,共护'心'健康"双线书法比赛,鼓励学生迎难而进、自信自爱。

4.弘扬拼搏精神,展现青春风采。举办"牢记初心使命·延续班墨精神·成

就出彩人生"表彰大会，汲取榜样力量。开展体育竞赛活动，强健体魄。将现代健身操与传统文化相结合，在阳光体育节风采展中获最佳创意奖，庆祝新中国成立 70 周年大合唱获最佳表演创意奖。

5. 强化五育实践，推进"三全育人"。师生培育绣球、紫藤、牡丹等花木种植，完成益亩花田劳动实践园建设。创建"遇'建'编织"编织社、智慧模型"创客空间"，实现以劳促美、以劳促智、以劳创新、以社团促就业的育人目标，用巧思与妙手展示空间美学，在社团活动中遇"建"生活更多美好。

（三）班级建设

开展安全教育，树立珍爱生命、热爱生活、自我保护意识。分工管理养护花田，结合所学专业铺设校园小路，推动劳动教育与实训结合。完善育人制度，撰写"一生一案"思想品行成长记录，制定《建筑工程部素养提升日程表》，更新《建筑工程部学生思想品德记录表》，记录学生积累性、过程性的成长转变。

五、教学团队

专业部现有专任教师 67 人，其中正高级讲师 3 人，高级讲师 16 人，专业专任双师型比例达到 95% 以上。其中，全国优秀指导教师 4 人，齐鲁名师 1 人，山东省青年技能名师 3 人，山东省优秀指导教师 11 人，烟台名师 1 人，烟台市学科带头人 2 人，烟台市教学能手 1 人，烟台市教坛新秀 5 人。

机电技术专业部

一、专业部简介

机电技术专业部在校生 1200 余人，教师 58 人全部具有本科及以上学历，其中高级讲师 18 人，专业教师双师率达到 100%。

近年来，专业部获省级教学成果一等奖 1 个、二等奖 8 个，完成国家级课题 1 项、省教改立项 1 项、省课题 3 项、市级课题 4 项，成立建筑装饰名师工作室 1 个，有山东省社区教育优秀课程资源 3 个，获得省级职业技能大赛二、三等奖多项，此外还包括第十三届"学院创意杯"和 2023 年度"泰山杯"广告创新创意大赛金奖、山东省室内装饰设计师比赛职工组二等奖、山东省中职学校"课程思政"教学设计二等奖、山东省黄炎培职业院校创新创业大赛三等奖、第二届"山青之星"山东省青少年风采展示活动高中组优秀奖等多个奖项。

二、培养目标

培养适应机电技术应用、建筑装饰技术、动漫与游戏制作等领域需求的技术应用型人才。

三、专业设置

设机电技术应用、建筑装饰技术、动漫与游戏制作技术三大专业。其中机电技术应用专业和建筑装饰技术专业是国家及山东省示范校重点建设专业、高水平学校重点建设专业，建筑装饰专业是山东省品牌专业。

（一）建筑装饰技术

1.专业简介

烟台城乡建设学校建筑装饰专业建于 1991 年，1998 年被认定为烟台市示范专业，是国家中职改革发展示范校及山东省示范校重点建设专业；2017 年被山东省教育厅认定为省级品牌专业，装饰专业教学团队被评为"山东省优秀教学团队"；2019 年获批装饰名师工作室；2021 年被认定为山东省高水平中等职业学校建筑群重点建设专业。学校实训设备充足，建有装饰施工工艺展厅、数字装饰工作室、油漆与装饰实训室等多处校内实训基地。近三年，装饰专业师生多次在省市级比赛中获奖。

2. 课程设置

设公共基础课、专业技能课、拓展课、选修课、顶岗实习和社会综合实践活动。

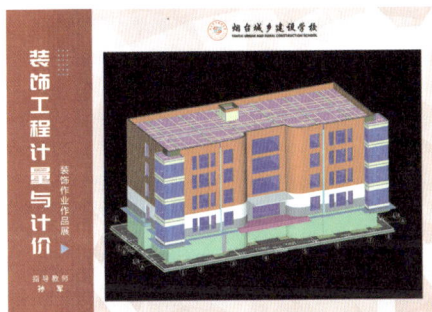

3. 就业方向

主要面向建筑装饰、建筑装饰设计咨询、装饰施工管理、建筑装饰预算或工程监理等单位，从事建筑装饰设计和建筑装饰工程施工、现场管理工作以及建筑装饰预算等工作。

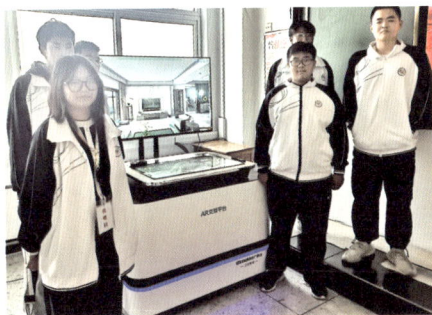

4. 教学设施

校内实训设备充足，配有专业机房3个，建有装饰施工工艺展厅、数字装饰工作室、油漆与装饰实训室、校企合作梦工厂等校内实习实训基地。

5. 实习实训

与寅午戌装饰工程有限公司、烟台市莫尔装饰工程有限公司等多家装饰、设计公司长期合作，建有多处校外实训基地。

（二）机电技术应用专业

1. 专业简介

机电技术应用专业以岗位要求为目标，加强机械加工、机电设备、自动化设备、生产线的装配、调试、维修等核心能力的训练，培养面向基层生产、服务和管理一线的实用型技能人才。

2. 课程设置

分为公共基础课、专业（技能）课、实习实训课、素质拓展课和选修课。

3. 就业方向

数控方向：数控机床操作岗位操作员、维护员，数控车间施工员、质量检验员、数控编程员、模具设计员等。

机械加工方向：机械加工设备操作维护工、机械设备的销售与技术服务工、计算机绘图及技术档案管理员、机械加工质量检测与管理员、CAD/CAM软件应用员等。

维修电工方向：电气安装操作工、电气调试维护员、电气技术管理员、电气产品质检、电气产品销售员等。

4. 教学设施

投资千万元，建成电工与电子、PLC、液压与气动、数控加工、普通车工、钳工、单片机、CAD/CAM/CAE等8个实训室，实施理实一体化教学，满足教学实训要求，提高学生技能水平。

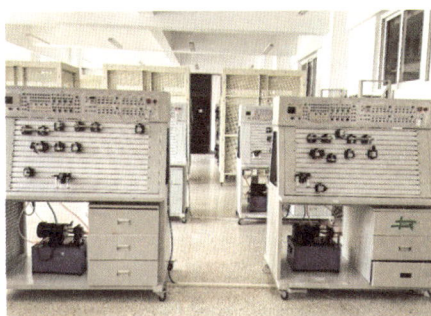

5. 实习实训

加强产教融合，校企协同育人。
先后与烟台振兴汽车配件有限公司、
烟台金元包装材料有限公司、烟台富
士康等企业建立了稳定的合作关系，
建设校外实训基地，促进学生技能
成长。

（三）动漫与游戏制作专业

1. 专业简介

该专业 2007 年设立，旨在培养学生的艺术美感和理性思维及创作鉴赏能
力，掌握原画设计、动画制作、游戏模型制作、影视后期合成、虚拟现实 VR
技术、UI 设计、软件开发等方面的理论基础与操作技能。

2. 课程设置

分为公共基础课、专业技能课、选修课、顶岗实习和社会综合实践活动。

3. 就业方向

毕业后可在动画、游戏、影视制作和广告公司及平面媒体、出版机构、政府、教育与培训、企事业单位等相关领域的创意、制作岗位上从事动漫策划、动漫插画创作、动画及游戏原画设定、短视频创意与制作、动漫衍生产品设计、广告设计、游戏模型设计与制作、动画设计与制作、影视后期制作、网络媒体设计与制作等工作。

4. 教学设施

配备完善的硬件设施,如计算机、拷贝台、投影仪、投影台、扫描仪、写真机、刻字机等，满足日常教学及实训的需要。

5. 实习实训

结合区域经济，选择烟台博视文化传媒有限公司、烟台龙韵文化传媒有限公司、烟台宏润印刷有限公司、烟台道润广告设计有限公司等动漫企业为校外实训基地，满足学生实验实训和顶岗实习的教学要求。

四、育人活动

专业部多次举办企业专家进课堂、机电学子企业行、综合实训研讨会等活动，深化校企合作、产教融合，不断创新人才培养模式，提高教学效果和人才培养质量。同时，专业部开办各种社团，开展一系列校园文化活动，进一步增强学生理想信念，厚植爱国主义情怀，丰富校园文化生活，增强师生凝聚力。

企业专家进课堂活动：如动漫与游戏制作专业"走进新时代，动漫创未来"企业专家进课堂活动，建筑装饰技术专业"计跬步，量天下——BIM 装饰计量 Decocost"培训课程等。

机电学子企业行活动：为深化产教融合，赋能学生成才成长，无缝适岗，专业部举办机电学子企业行活动，走进企业，了解行业发展前景。

综合实训研讨会：综合实训是学生毕业前的一次重要的综合性实践技能训练。为提高学生动手能力，积累实践经验，专业部常邀请经验丰富的企业导师，为毕业生综合实训汇报进行指导。

数字装饰工作室：广泛开展数字化技术和实践应用培训、手造技艺、创

新创业、社会实践等丰富多彩的活动，使学生在参与活动的过程中培养了兴趣爱好、扩大了求知领域。

逐梦合唱团：为提升学生艺术素养，展现学生艺术风采，加强学校精神文明和校园文化建设，专业部成立逐梦合唱团。

漫映像创艺社团：社团培养集视频创作、平面设计、3D 模型制作、虚拟现实 VR 技术于一体的综合动漫设计人才，拓展社团成员课堂学习的知识与技能，丰富课余生活，提高艺术修养和综合素质，活跃校园文化氛围，项目式的日常活动组织管理方式为成员顺利就业与创业搭建了桥梁。

Sunny 英语社团：丰富校园文化生活，能够让学生在具体的真实语境中表达英语，增强语感，培养听说能力和口语表达能力，激发同学们对英语的兴趣，拓展英语知识，更好地辅助英语教学。

五、教学团队

专业部师资力量雄厚，现有教师 58 人，全部具有本科及以上学历，其中高级职称 18 人，研究生 9 人，专业教师双师率达到 100%，均考取了本专业相关职业资格证书。

国防及信息化教育专业部

一、专业部简介

为创新国防教育与职业教育融合发展，培养军地两用技能人才，学校于1996年4月与芝罘区人民武装部联合创办国防教育特色品牌专业。学校负责教育管理，武装部负责业务指导。

近年来，国防及信息化教育专业部以山东省教科院课题《新时代"军民融合"视域下中职学校国防教育育人体系的构建与实践研究》（课题编号：2018JXY2077）为引领，建立起了以知识探索（军事理论课程）、能力提升（军事技能训练）、意识培养（国防教育系列活动）、人格塑造（学科交叉渗透）和基地拓展（军事实践课）为核心内容的"五位一体"育人体系。

二、培养目标

培养政治立场坚定、道德素质良好，富有创新精神和综合实践能力，具备机电一体化专业知识和技能，参军入伍后能胜任相关技术岗位工作的技能型人才。

三、专业设置

（一）专业简介

开设机电一体化技术专业主干课程、国防教育课程。以军事化管理为核心，既学习专业理论知识，又注重体能训练、磨炼意志，培养适应新时代的国防储备人才。

（二）课程设置

分为公共基础课、专业课和选修课。

（三）就业方向

毕业后，符合国家征兵条件的可参军入伍；也可到各大中专院校和消防领域担任军事教官，从事人民武装和国防教育的管理、教学等工作；也可从事数控设备的维护、调试、操作、制造、安装和营销等技术与管理工作。

（四）教学设施

实训教学设施完备，其中包括 PLC 控制系统集成实训室、机电一体化实训室、电气装配实训室、液压传动与控制实训室、钳工实训室、机械制图实训室、机电设备故障检测与维修实训室等。

（五）实习实训

与烟台环球机床装备股份有限公司、山东星科智能科技股份有限公司、烟台市研学教育科技有限公司等企业形成了稳定的校企合作关系，提供机电一体化设备维修、自动生产线运维、机电一体化设备生产管理、机电一体化设备销售和技术支持、机电一体化设备技改等相关实习岗位。

四、育人活动

专业部坚持把爱国主义精神融入"三全"育人，打造"国防教育+"系列活动，为学生成长成才强心铸魂，让每一名学子在爱国奉献中实现梦想。

每周三、四、五军事训练：从队列纪律入手，进行队列训练、拳术训练、军事教学法、警棍盾牌术训练等。学生们身着军装，向往荣光，蓬勃青春，超越自我！

技能大比武：每学期末开展军事技能大比武，比赛三千米、仰卧起坐、俯卧撑、引体向上、拔河等项目。

国旗护卫队、彩旗队：队员们步伐矫健、英姿飒爽。整齐的队伍、响亮的口号，展现出国信学子们朝气蓬勃的精神面貌。

唱响军歌：军歌嘹亮，响彻校园。军魂永驻，激荡无悔青春；热血军歌，让人斗志昂扬！

国防教育实践：同校外有关部门合作，定期组织强化实践教学，充分利用纪念馆、训练基地等国防教育和爱国主义教育基地实施教学，丰富学生国防教育认知和体验。

服务役前训练：配合芝罘区人武部做好预定新兵的集训保障工作，确保集训任务圆满完成。

企业参观：组织学生前往烟台环球机床装备股份有限公司参观，切身了解企业的工作氛围，了解行业发展趋势。

五、教学团队

专任教师 18 人,其中高级讲师 5 人,研究生学历 6 人,正营职转业干部 2 人。探索出"现役军官+转业军官+专业教师+班主任"的管理模式,打造出极具国防教育特色的职业教育品牌。

财经管理专业部

一、专业部简介

财经管理专业部开设会计事务专业，培养具有基本记账、算账、报账能力，适应岗位需求的财会人才。

专业部高度重视教师技能提升和学生技能培训，在一带一路暨金砖国家技能发展与技术创新大赛——数智供应链财务应用赛项选拔赛（中职组）中荣获团体二等奖。

二、培养目标

建立"产教融合，校企合作"人才培养模式，培养掌握会计事务专业知识和技术技能的财务岗位人才。

三、专业设置

（一）课程设置

专业部突出思政育人理念，开设多元化的专业课和基础课。

（二）就业方向

可在金融机构、工程企业和其他企业事业单位从事总账报表、会计核算、会计管理、资产评估、市场营销统计、税收、出纳等财务相关管理工作。

可参加专升本考试。

（三）教学设施

设有会计手工实训室、会计电算化实训室、沙盘模拟经营实训室、综合实训室等，配备功能完善的专业教学设施与教学资源。

（四）实习实训

与烟台金融服务中心、信友软件科技有限公司等公司合作成立财经专业

教学实训基地。投资引入畅捷通 T3 和畅捷通云平台等市场主流财务软件及国赛专用练习、竞赛软件，组成财经实训基地，让学生在接近真实的职业岗位情景中建构知识。

四、育人活动

（一）技能点亮人生

专业部坚持"活动育人、自主成长"的育人理念，加强班风学风建设，开展以手工点钞、翻打传票、手工记账为特色的教学实践活动，培养具有较强就业竞争力、适应性强的技能型人才。

1. "点"练技能，"钞"越自我——手工点钞比赛

通过点钞比赛，培养动手能力，提高点钞速度，精进专业技能。专业部每

年举办手工点钞比赛，展示技能成果。

2.翻打传票，指尖竞技——"小键盘翻打传票"比赛

翻打传票也称传票算，是指对各种单据、发票或凭证进行汇总计算的一种方法，一般采用加减运算。专业部每年举办翻打传票活动，为学生搭建实践平台，更好地实现理论与实践结合。

3."记"高一筹，账算精准——手工记账比赛

通过举办手工记账比赛，强化实际操作技能，提高工作能力。

（二）劳动扮靓生活

专业部开展丰富多彩的劳动教育活动，培养学生劳动技术技能、技术素养，以劳树德、以劳增智、以劳强体、以劳益美、以劳创新，促进学生全面发展。

开展"劳动扮靓温馨班级"活动。学生在班级内寻找适合自己的小岗位，在为集体、为他人服务的过程中体验劳动的快乐，培养责任感。班级劳动责任区是向学生传授知识的第二课堂，定期组织学生到责任区参加劳动实践活动。

开展"劳动扮靓和谐家庭"活动。学生每天坚持做一些力所能及的家务劳动，如扫地、洗衣、叠被等，同时学生自己能干的事自己干，如自己烧饭、自己做好个人卫生、自己上学等。

开展"劳动扮靓多彩人生"活动。充分发挥社区的作用，为学生积极参与并实践劳动技能提供更广阔的平台，让其感受劳动的快乐与光荣。

五、教学团队

专业部现有16名教师，均具有本科及以上学历，其中研究生学历3人。在职教师中，专业课教师有7名，文化课教师有9名，其中有实验实训指导教师7人、外聘专家1人。

学前教育专业部

一、专业部简介

幼儿保育专业是我校新兴品牌专业，旨在培养具备良好专业素养的幼儿教育人才。专业部拥有优良的师资力量、完善的教学设施、一流的实训基地。

二、培养目标

培养适应幼儿教育发展需要，德智体美劳全面发展，热爱教育事业，具有较高科学文化素养、扎实的幼儿保育理论知识和专业保教技能，胜任幼儿教育教学与管理工作的高素质专门人才。

三、专业设置

（一）课程设置

幼儿保育专业主要开设课程分为校内校外课程两部分，包括公共基础课、专业理论课和专业技能课。为增强学生的专业实践能力，专业部与幼儿园合作设立了校外实践教学基地，开设特色实践实训课程。

（二）就业方向

就业面广泛，涵盖幼儿园保健员、幼儿园保育员、育婴师、家庭教育指导师、幼儿教师、儿童营养管理师等多种职业。

（三）教学设施

专业部内设有图书角、教育文化长廊、琴房、舞蹈房、画室、手工室、

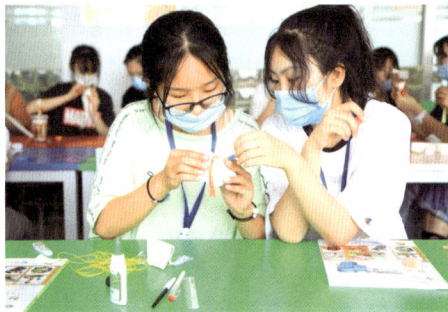

室内舞台、技能练习室、服装间等功能教室，满足学生日常学习、展示和练习需要。

（四）实习实训

专业部坚持以赛促学、以赛促教、校园活动结合教学等方式培养学生的职业技能。日常设置多样化职业技能培训，组建了"钢琴＋绘画""舞蹈＋绘画""声乐＋绘画"三个赛项技能训练队。多次在市技能比赛中获奖。

其中 2022 年获烟台市职业院校技能比赛"钢琴＋绘画"赛项二等奖；舞蹈单项比赛三等奖；绘画单项比赛第六名的好成绩。

专业部注重理论结合实际，从专业能力提升、文化素养提升、综合素质培养等方面入手，不断增强学生能力。近几年共有 2 名学生获得山东省优秀毕业生荣誉称号；1 名学生获得第六届山东省黄炎培职业教育创新创业大赛三等奖；1名学生荣获第五届校园音乐舞蹈美术戏曲技能竞赛一等奖；1名学生发展为预备党员。现已有62名学生获得普通话证，其中获得二级甲等普通话证学生有36人。24名学生考取"1+X"幼儿照护职业技能等级证书，获得准入资格。

现与烟台市五家幼儿园签订合作协议并建立实习基地，学生在校期间至少两次见习、一次实习活动。

四、育人活动

（一）思政引领

专业部把思政工作贯穿教育教学全过程。坚持每周一节德育班会课建设，进行理想信念、感恩、安全、学习方面的主题教育。坚持每日"一读一写一画"的打卡活动，利用晨读时间诵读经典，利用自习时间完成一幅黑板字、一幅简笔画。将专业技能展示与主题教育活动相结合，利用重大节日、劳动实践等主题，通过手工、绘画、

书法等方式增强学生对节日的了解，增强民族文化自信心、自豪感。

创新开办"多彩学前　筑梦未来"校园快报，设置"思政小课堂""专业风采""优秀作品展""心灵小驿站"等模块，体现学生在校学习生活状态。目前已发布六期，累计阅读量达 2800 余次，受到广大学生家长一致好评。

（二）活动育人

专业部开展"展青春风采，筑时代梦想"专业技能展示活动，活动分钢琴、声乐、舞蹈、美术、手工、幼儿情景剧创编等专项进行展示，每名学生平均参加四到五个项目的汇报展示，为学生提供了综合性技能展示平台。

充分利用传统节日、重大历史事件、志愿服务等设计主题文化活动，结合专业特点，开展"巧手剪纸映初心"庆建校 40 周年活动、"我眼中的美"摄影比赛、"变电箱换'新衣'，用心'扮'亮街道"志愿者服务活动。

创新开展劳动实践活动，先后开展两期"我为校园添一景"主题绘画活动，培养了学生的动手能力和创新意识。

五、教学团队

团队成员 14 人，专业课教师 8 人，公共基础课 6 人，另外聘用行业企业高级技术人员兼职教师 2 人。其中，正高级、高级讲师 2 人。

五、职业文化

职业生涯规划

古语曰:"凡事预则立,不预则废 。"

迈入中等职业学校是我们人生的一个新起点。中职生,也需要有远大的理想。职业生涯是一个漫长的过程,青年时期是职业生涯的设计和形成阶段。

对学生而言,成功的职业生涯设计要建立在对自身条件正确评估和把握的基础上。学校重视学生职业生涯的可持续发展,开展职业生涯规划辅导、职业生涯规划大赛、模拟职场和以求职就业为主题的征文、演讲比赛等,让学生在充分认识、分析和评价自己的基础上,从低年级就开始培养学生职业生涯规划的自主意识,帮助学生确定职业发展目标与方向,制定职业发展战略与计划,激发学生职业发展与就业的自主性,提高学生自我认识能力、自我激励能力和自我决策能力,培养学生根据社会经济发展需求和个人特点进行职业生涯设计的能力。学生根据实际情况,对自身条件进行正确评估,科学地将其划分为不同的阶段,明确每个阶段的特征和任务,做好规划,形成《学生个人职业生涯规划发展手册》,成就职业理想,实现人生理想。

"现在,青春是用来奋斗的;将来,青春是用来回忆的。"远大的理想总是建立在坚实的土地上的。青春短暂,我们平静、坦然、勇敢地面对各种挑战,便会顺利度过中职时代,开启成功的职业生涯。从现在起,就力争主动,好好规划一下未来的路,去描绘这张生命的白纸。

就业意识养成

立大志方有恒力，练实功才能致远。

为促进学生健康成长，引导学生自信、自强，帮助学生明确学习目标，树立职业意识，从观念、心态、技能等方面做好应对竞争压力和职业挑战的准备，更好地适应市场经济对人才的要求，学校重视以就业为导向的职业教育工作。从第一年的职业生涯规划常规课程到最后一年的就业指导常规课程，以及每年穿插的创业课和企业进校宣讲课，就业指导伴随城乡建设学校职业教育的整个过程，潜移默化中让学生从职业的角度了解自己，了解社会，了解专业特点及发展方向，了解即将从事的职业要求和社会需求状况，对自己的就业规划有一个比较明确的方向和清晰的态度。

高就业率和低就业质量一直是职业院校需要破解的难题。近年来，学校始终秉持"爱、恒、精、新"的办学定位，"高素质、高技能人才"的培养定位，在推进学校高水平发展中强化就业优先为导向，重视扩渠道、促匹配，结合专业特点，积极宣传国家的就业方针、政策，加强对学生就业政策的引导，让学生充分了解当前严峻的就业形势，树立危机意识，改变传统的就业观念。学校积极加强企业调研，搭建学生实习锻炼平台，切实做到引企入校、产教融合，再送生入企，形成两者合作的良性循环，把学生真正培养成企业需要的高技能人才。

就业洽谈

　　学校是山东省校企一体化合作办学示范院校、山东省骨干职业教育集团，为了让学生"能就业，就好业"，我们建立企业走访制度，挖掘就业渠道，时刻关注行业动态发展和就业市场趋势变化，着力解决部分专业就业难问题。通过企业走访，密切了校企关系，为学生提供了更多的优质岗位。与烟建集团、山东德信集团、山东万斯达集团、东方电子、喜星电子、时光坐标、烟台金融服务中心等百余家企业建立了长期合作关系，专业共建、资源共享，人才培养质量不断提升，毕业生深受企业欢迎。

　　建立就业洽谈会制度和企业进校园宣讲制度，加强毕业生就业指导，切实服务好学生就业工作。每年邀请百余家企业，分专业举办就业洽谈会和宣讲会，帮助同学们了解企业用人标准，教育学生应树立怎样的就业观和择业观，怎样才能更好实现个人的奋斗目标，让同学们在进入职场前受益良多。目前已建立拥有300多家的企业数据库，为毕业生提供了上千个工作岗位，为毕业生切实解决了就业之忧。

企业文化

企业文化是一个企业所共同认同和遵循的价值观、信念和行为方式。它是一个企业的灵魂和精神支柱，对企业产生凝聚、激励、协调、约束和形象塑造作用。

校园文化融入企业文化，是传统校园文化的创新和延续，同时也是建设校园文化，提升学校服务社会能力，培养学生良好的职业素质，凸显学校办学特色和当下时代大背景下的必然诉求。

我们融入优秀的企业精神，建设具有企业特色的校园精神文化。学校传承办学传统，突出办学理念，加强与优秀企业的衔接，借鉴和吸纳优秀的企业价值观、企业精神、经营理念，把创业、敬业精神渗透到学校的校训、校风、教风、学风中去，把企业安全意识、质量观念、服务至上理念、敬业精神渗透到日常教育教学过程中去，从而使学校精神与企业精神有机结合，相得益彰。

我们融入优秀的企业管理方法，打造具有企业特色的学校制度文化。学校要走出教育看教育，向企业学管理。在制度文化建设中，融入优秀企业文化所倡导的优秀职业道德、严明的职业纪律等制度和规范，并落实到具体行为。在实习、实训时要把企业生产、管理规章制度融入到学校制度文化中，培养与企业员工相同的行为规范。

我们融入优秀的企业物质文化，打造和谐美观的特色校园。从学校校园环境入手，融入优秀的企业物质文化，营造和谐特色校园。积极吸纳优秀的行业、企业文化，结合学校特点，突出专业培养目标，强化学校文化中的企业元素和职业特色，使学生在潜移默化中感受到企业文化的熏陶和濡染，为将来身份转变做好潜意识的准备。

我们融入优秀的企业活动文化，拓宽企业文化的特色育人功能。校园文化活动是创建中职校园文化品牌的重要途径。组织开展形式多样、内容健康、格调高雅、具有地域及学校发展特色的文化活动，同时在校园文化活动中要更多地体现职业认知、职业情感、职业道德和职业技能等职场文化，更好地实现企业文化的渗透。

　　校园文化融入企业文化，是一项系统、持久工程，应该成为职业院校创新发展的着力点之一。如何在校园文化中融入优秀企业文化，构建特色鲜明的校园文化，使学校散发出吸引社会、吸引企业的职教魅力，需要我们全体同人不懈努力，大胆探索。

职业道德

  人无德不立，国无德不兴，强调的是道德对于个人修身立业和国家长治久安的重要作用。学校重视学生的职业道德素质培养，大力倡导以"爱岗敬业、诚实守信、办事公道、服务群众、奉献社会"为主要内容的职业道德，教育学生掌握职业道德规范的内容及要求，树立正确的职业理想。

  在课堂教学中渗透职业道德教育，先从课堂理论教学入手，逐步向养成教育和实践教学过渡。教育学生爱校、爱专业，树立远大的理想，既不好高骛远，也不妄自菲薄，对自己有一个明确的定位。在日常管理中渗透职业道德教育，在校园宣传栏中开辟专门的职业道德教育专栏，对学生进行潜移默化的影响和教育，用润物细无声的方式把择业观、职业理想等根植在广大学生的心中，营造一个文明、卫生、优美、高雅的学习生活环境，努力培养学生高尚的道德情操。

  引入企业文化。企业文化是职业道德的有效载体，在对职业精神、职业规范、职业素质的基本了解中，提高职业道德教育的有效性，为学生的成功就业构筑桥梁。与行业要求紧密结合，强化实习、实训，鼓励学生积极参加社会实践，不断进取、勇于创新，让学生在职业实践中提高对职业道德的认同，增强学生的职业意识、专业意识。知行统一、学用结合，将知识内化为信念，将信念外化为行动。

六、竞赛文化

实训大练兵

  竞赛文化是学校办学亮点之一，以赛促学、以赛赋能，是落实立德树人根本任务、推进中等职业教育高质量发展的重要引擎。学校以常态化、全员化、层次化、成效化的实训大练兵和技能大比武为抓手，用竞赛竞技这一有效育人载体，切实打通实践育人"最后一公里"。

  "四化"型实训大练兵：常态化、全员化、层次化、成效化。

  常态化：作为教学计划安排的重要实践环节，专业实训渗透于学科教学全过程、落实在专业教学各环节，坚持知识与技能相互交叉，实现"知识与能力结合、讲授与实训融合"。

  全员化：教师指导全员化、学生练习全员化。实训练兵由专业教师全员统领、全程跟踪，面向全体学生。"专业全覆盖，师生全参与"的全员化实训大练兵活动，促进每位学生技能水平切实得以提升，真正实现以赛促学、以赛促教、以赛促改、以赛促发展、

以赛促提升。

    层次化：依据各阶段目的不同，实训大练兵可分为基础层、核心层、扩展层三个持续递进的层次。基础层培养学生对技术技能的兴趣，建立基本实训意识，训练内容设置以系统认知和初级技能为主；核心层强调技术技能训练的综合性，训练内容以各专业涉及的职业核心技能为主，结合专业任务实际，

设置项目模块；扩展层主要是创新实践活动阶段，采取课堂内外相结合方式，课内以自选训练模块、学生自拟课题等形式进行，课外以指导各级各类学科和技能竞赛等形式开展。

成效化：实训大练兵在人才培养过程中发挥了重要作用，学生在实践过程中增长了专业知识、提高了专业技能，职业能力得到大幅提升。不同层次的实训练兵惠及全体学生，也为学校参加各级各类比赛储备技能型后备人才，提供了人才保障。在职业院校技能大赛、行业技能大赛、世界技能大赛等赛事中屡获佳绩，学校技能大赛成效明显。

技能大比武

学校拥有瓷砖贴面、抹灰与隔墙系统两个世界技能大赛中国集训基地，经过多年积淀，从管理制度、教学模式、培养方式等方面形成了一套完整的、科学的、高效的组训模式。

"百战出勇士，苦练出精兵"，通过"天天有计划、周周有总结、月月有考核"等制度，集训基地使"技能大比武"常态化，让学生提前感受大赛氛围、检验集训成色、锻炼心理素质、提高实操能力。达到以赛促学、以学促练、以练促用目的。

思政之光·闪耀世赛

一、世赛中国

世界技能大赛（World Skills Competition）是最高层级的世界性职业技能赛事，由世界技能组织举办，每两年举办一次，被誉为"世界技能奥林匹克"，是世界技能组织成员展示和交流职业技能的重要平台。

世界技能大赛比赛项目共分为6个大类，分别为结构与建筑技术、创意艺术和时尚、信息与通信技术、制造与工程技术、社会与个人服务、运输与物流，共计46个竞赛项目。大部分竞赛项目对参赛选手的年龄限制为22岁。

2010年10月3日至10日，中国代表团赴牙买加首都金斯敦参加了世界技能组织召开的2010年世界技能组织大会，会议于10月7日通过会议议程，

正式接纳中国加入世界技能组织，中国成为该组织的第 53 个成员。2022 年 9 月 27 日，中国上海获得 2026 年世界技能大赛主办权。

二、基地建设

学校拥有瓷砖贴面、抹灰与隔墙系统两个世界技能大赛中国集训基地，是我国参赛时间最早、软硬件设施最先进的国内基地之一。自 2012 年参赛以来，连续 5 届被人社部授予瓷砖贴面项目中国集训基地、连续 3 届被授予抹灰与隔墙系统项目中国集训基地。现开设瓷砖贴面、抹灰与隔墙系统及砌筑等项目集训工作，设办公、集训场地建筑面积 4000 余平方米，拥有世界领先、国内一流的设施设备。专家团队中，包含全国技术能手、五一劳动奖章获得者、全国青年岗位能手等众多高技能人才，下设一个国家级技能大师工作室，至今已经培养出 3 个世界大赛优胜奖、5 个全国冠军。

三、世赛之旅

2012 年：学校实行校企合作，联合开展世界技能大赛集训工作，被授予第 42 届世赛瓷砖贴面项目中国集训

基地；我校参赛选手高艳涛、臧国才分别获得第42届世赛全国选拔赛瓷砖贴面项目前2名，王旭辉获得砌筑项目第1名。

2013年：第42届世界技能大赛在德国莱比锡举行，我校参赛选手高艳涛获得瓷砖贴面项目优胜奖。

2014年：被授予第43届世赛瓷砖贴面项目中国集训基地；我校参赛选手臧国才获得世赛全国选拔赛瓷砖贴面项目第1名，张泰坤获得砌筑项目第2名。

2015年：第43届世界技能大赛在巴西圣保罗举行，我校参赛选手臧国才获得瓷砖贴面项目优胜奖。

2016年：学校被授予第44届世赛瓷砖贴面、抹灰与隔墙系统中国集训基地；在第44届世赛山东省选拔赛

上，我校参赛选手包揽瓷砖贴面、抹灰与隔墙系统、砌筑项目前3名；学校承办第44届世赛全国选拔赛，我校参赛选手毕贞辉、孙荟丰获得抹灰与隔墙系统项目前2名。

2017年：第44届世界技能大赛在阿联酋阿布扎比举行，我校选手毕贞辉作为抹灰与隔墙系统项目中国代表队备选选手随队出征。

2018年：学校被授予第45届世赛瓷砖贴面、抹灰与隔墙系统项目中国集训基地；第45届世赛山东省选拔赛上，我校参赛选手包揽瓷砖贴面、混凝土建筑、建筑石雕、砌筑、抹灰与隔墙系统前2名；第45届世赛全国选拔赛，我校参赛选手

张雪枫获得瓷砖贴面项目第1名，宋锡健、孙丰凯获得混凝土建筑项目第2名，杨鹏获得建筑石雕第3名

2019年：第45届世界技能大赛在俄罗斯喀山举行，我校参赛选手张雪枫获得瓷砖贴面优胜奖。

2020年：第46届世界技能大赛山东省选拔赛，我校参赛选手包揽瓷砖贴

面、抹灰与隔墙系统、砌筑项目前 2 名；第一届全国职业技能大赛在广州举行，我校参赛选手高森获得抹灰与隔墙系统第 5 名，宋志超获得砌筑项目第 5 名，均被授予"全国技术能手"荣誉称号。

2021 年：学校被授予第 46 届世界技能大赛瓷砖贴面、抹灰与隔墙系统项目中国集训基地。

2022 年：世赛基地思政教育中心正式投入使用，成为连接工匠精神与爱国主义的精神纽带，学校世赛开启新征程。

四、思政中心

学校世赛思政教育中心于 2022 年正式投入使用，将技能与报国有机结合，使世赛基地不仅是一个高技能人才培养的熔炉，还成为了一个传播世赛理念、宣传技能、传递匠心及弘扬爱国主义的精神高地。思政中心开设"红色基因代代传""技能中国日日强""技工作品面面赏"等板块，吸引大批学者、青

年学生及思政教育工作者前来参观访问。基地定期组织参观见学、入党宣誓等活动，让更多人接受爱国主义熏陶，让技能强国成为职教人的最强音符。

五、走向世界

集训基地采用"请进来，走出去"方针，不断加强与国外行业专家合作的深度和广度。先后邀请了荷兰、巴西、瑞士及哥伦比亚等国专家学者来基地切磋技艺。同时，为了开阔选手的眼界，培养实战经验，我基地还带

队出访，通过技术研讨及参加友谊赛等形式，积极吸收国外先进技术并与我国传统工艺相结合，探索出一条具有我国特色的工艺手法。

六、未来展望

十年磨剑只为炉火纯青，一朝出鞘定当倚天长鸣。一道道奋进的足迹、一声声超越的呼唤、一次次精彩的交响，烟台城乡建设学校世界技能大赛中国集训基地，经过十年沉淀，如今已桃李天下，众星云集。世赛人将继续以匠心铸就梦想，以技能报国为己任，在职教的春风暖阳中，面对机遇和挑战，踔厉奋发、勇毅前行。

第一届山东省职业技能大赛

5月14日，2023年职业教育活动周暨全国职业院校技能大赛启动开幕。本次职业教育活动周以"技能：让生活更美好"为主题，于5月14—20日举行，教育部等十部门分别牵头举办了十余项全国性活动，共同营造全社会关心支持职业教育的良好氛围。

第一届山东省职业技能大赛启动

山东省人力资源和社会保障厅定于6月举办第一届山东省职业技能大赛，旨在通过以赛促学、以赛促训、以赛促建、以赛促才，提升山东省技能人才培养能力和水平，为新时代社会主义现代化强省建设提供有力技能人才支撑。

我校承办了瓷砖贴面、抹灰与隔墙系统、砌筑（国赛精选及世赛选拔）、室内装饰设计4个项目。经过精心准备，我校共获得5金3银的优异成绩。获得金牌的选手为：陈世霖（瓷砖贴面）、史永胜（抹灰与隔墙系统）、倪国煜（砌筑·世赛选拔）、宋锡健（砌筑·国赛精选）、张雪枫（室内装饰）

七、行为文化

校园礼仪

课堂礼仪

上课：上课的铃声一响，学生应端坐在教室里，恭候老师上课；当教师宣布上课时，全班应迅速站立，向老师问好；待老师答礼后，方可坐下。学生应当准时到校上课，若上课迟到，应喊"报告"，经教师同意后方可进教室，走进教室后，应速坐好，保持安静。

听讲：上课时坐姿要端正。课堂上，认真听老师讲解，注意力集中，独立思考。当老师提问时，应该先举手，待老师点到名字时可起来回答；发言时，身体要立正，态度要落落大方，声音要清晰响亮，并且使用普通话。

下课：下课时，全体同学需起立，与老师互道"再见"。待老师离开教室后，学生方可离开。

集会礼仪

每周一升国旗仪式，校服着装，准时参加，列队整齐，面向国旗，肃立致敬。升国旗、奏国歌时，要立正，脱帽，行注目礼，直至升旗完毕。认真聆听国旗下讲话，保持肃静。

尊师礼仪

在校园内或上下楼梯与老师相遇时，要让老师先行，并主动向老师行礼问好。买饭、打水时对教师应主动礼让。

与老师谈话时应立正，在教室座位上与老师谈话应起立，得到老师允许后，再坐下听讲。领奖或向师长交物品时，双手交接，以示尊敬。

进老师的办公室或宿舍，先喊"报告"或先敲门，经老师允许后方可进入。尊重老师的劳动，听从老师的指挥。对老师的提醒和批评，不得顶撞，如有意见，可课后与老师交流。

同学间礼仪

同学间要团结互助。不说脏话、粗话，不骂人，不说伤害同学的话，不做无理的之事。

严禁对同学人身攻击，打架斗殴，聚众闹事等违纪违法行为。

诚实守信，说做一致，有错就改。答应别人的事要按时做到，借他人钱物及时归还。外出时要礼貌待人、谦虚好学，展现城建学子的风采，维护学校声誉。

仪容规范

衣着整洁、朴素大方、协调得体，不穿奇装异服，进校一律佩戴校牌，按规定穿校服。不烫发、染发，女同学不戴首饰、染指甲。

仪态规范

姿势：交谈时双方要互相正视、互相倾听，不能东张西望、看书看报。使用好体态语言：微笑、鞠躬、握手、招手、鼓掌、右行礼让、回答问题起立等。

站姿：站立时，身体应与地面垂直，重心放在两个前脚掌上，挺胸、收腹、抬头、双肩放松。双臂自然下垂或在体前交叉，眼睛平视，面带笑容。

坐姿：腰背挺直，肩放松。在正式场合，入座时要轻柔和缓，起座要端庄稳重。

走姿：轻而稳，胸要挺，头要抬，肩放松，两眼平视，面带微笑，自然摆臂。

安全教育

课间活动

1.上下课通过过道和楼梯间时，不要拥挤、打闹和做恐吓同学的恶作剧，防止拥挤踩踏事故发生。

2.不可带小刀、仿真枪等会伤及自己和他人的利物或玩具进入教室，更不能把管制刀具带入校内。

3.课间运动不要太剧烈，不要追逐打闹，避免撞伤或摔伤，要做到文明休息，保持课堂精力旺盛。

4. 正确使用体育设施，没有保护措施的情况下不要在秋千、双杠、滑梯等设施上做危险动作，避免摔伤。

5. 课间休息时，如有校外陌生人邀请外出，千万不要轻信，以防被人拐骗。

6. 如厕不要慌张、拥挤，防止地滑摔伤和发生拥挤踩踏事故。

7. 课间同学之间发生纠纷，要及时报告班主任或任课教师，把矛盾化解在萌芽状态，防止矛盾激化发生打架斗殴事件，造成不良后果。

教室活动安全

1. 防磕碰：不在教室中追逐、打闹，做剧烈的运动和游戏，防止磕碰受伤。

2. 防摔：需要登高打扫卫生、取放物品时，要请他人加以保护，注意防止摔伤。

3. 防坠落：无论教室是否处于高层，都不要将身体探出阳台或者窗外，谨防不慎发生坠楼的危险。

4. 防挤压：教室的门、窗户在开关时容易压到手，也应当小心，要轻轻地开关门窗，留意是否会夹到他人的手。

5. 防火灾：不带打火机、火柴、烟花爆竹等危险物品进校园，杜绝玩火、燃放烟花爆竹等行为。

6. 防意外伤害：不准带锥、刀、剪等锋利、尖锐的工具，图钉、大头针等文具，不能随意放在桌子上、椅子上，防止有人受到意外伤害。

交通安全

1. 行路安全：首先要认识并掌握各种交通信号灯的含义：绿灯亮时，准许通过，但转弯的车辆不准妨碍直行车辆和行人通过；黄灯亮时，不准通过，但已超过停止线的车辆和已进入人行横道的行人可继续通行；红灯亮时，不准通行；黄灯闪烁时，须在确保安全原则下通行。

横穿马路时，要养成看交通信号的好习惯。同时，还要注意来往车辆，不要追逐、猛跑、斜穿或突然改变行路方向。不要倚坐护栏和隔离墩，也不要翻越或钻越护栏和隔离墩过马路，而应走过街天桥和过街地道。在没有人行穿越道的路程，须直行通过，主动避让来往车辆，不要在车辆临近时抢行。

2. 骑车安全：按照交通部门的规定，不满12周岁的儿童，不准骑自行车、三轮车和推拉各种人力车上街。满12岁，骑车上街必须遵守交通规则。骑自行车上街走慢车道，不能进入机动车行驶的快车道，也不能在人行道上骑自行车。在没有划分机动车、非机动车道的路段，要尽量靠右行驶，不能逆行，也不能往马路中间跑，这样看不见路上来往的车辆，很容易出事。

食品卫生

1. 在外就餐时：一定要到集体食堂或有餐饮服务许可证的消毒设施完备的饭店就餐，切不可购买街头摊贩的无定型包装食品。

2. 购买小食品及饮料时：一定要看包装是否清洁、完整。是否有生产厂家、生产日期和保质期。凡是"三无"和超期食品饮料切不可食用。

3. 养成良好卫生习惯，饭前便后洗手，勤剪指甲，勤理发，勤换衣服，勤洗澡。不随便扔垃圾，不随地吐痰。

4. 如发生食物中毒，在家时应及时就医，在校时应及时报告。

防溺水安全

1. 不要独自一人外出游泳，也不要到不知水情或比较危险且易发生溺水伤亡事故的地方去游泳，更不要私自到江、河、湖、水库等地游泳。选择安全的游泳场所，对场所的环境要了解清楚。若有危险警告，则不能在此游泳。

2. 清楚自己的身体健康状况，四肢容易抽筋者不宜参加游泳或不要到深水区游泳。游泳时切勿太饿、太饱。饭后一小时才可下水，以免抽筋。

3. 做好下水前的准备，先活动活动身体，如水温太低应先在浅水处用水淋洗身体，待适应水温后再下水游泳；镶有假牙的同学，应将假牙取下，以防呛水时假牙落入食管或气管。

4. 溺水时的自救方法：不要慌张，发现周围有人时立即呼救；放松身体，让身体漂浮在水面上，将头部浮出水面，用脚踢水，防止体力丧失，等待救援；身体下沉时，可将手掌向下压；如果在水中突然抽筋，又无法靠岸时，立即求救。如周围无人，可深吸一口气潜入水中，伸直抽筋的那条腿，用手将脚趾向上扳，以缓解抽筋。

5. 有人溺水时的施救方法：如果发现有人溺水，首先要大声呼救，叫更多的人来帮忙。

发现溺水者后，可充分利用现场器材，如绳、竿、木板、救生圈等救人。也可以将衣服连在一起当作绳索。

若下水救人时，不要从正面接近，防止被溺水者抓、抱。若被抱住，应放手自沉，溺水者便会放开。救人者应绕到溺水者的背后或潜入水下，从其左腋下绕过胸部，然后握其右手，以仰游姿势将其拖向岸边，也可以在其背后拉腋窝拖带上岸。

施救者若不熟悉水性或不了解现场水情，不应轻易下水，应呼救或报警。

特别强调：未成年人发现有人溺水，不能贸然下水营救，应立即大声呼救或利用救生器材。救人也要在自己能力范围之内。

火灾的预防与自救

1. 生活中，很多地方都要与火打交道，但用火又给我们带来一些危险，所以我们不要玩火，平时不要携带打火机、火柴、鞭炮。

2. 有很多家长都抽烟，同学们要特别提醒家长不要躺在床上抽烟，特别是烟头不要乱扔。

3. 使用电器要小心，使用日光灯、电热器时，要与可燃物保持一定的距离，不要用灯泡、电热器烤衣服、手巾等物。

4. 使用蚊香要注意，点燃的蚊香放在金属盘、瓷盘或水泥地、砖地上，同时还要注意远离可燃物。

5. 使用火炉要小心，炉旁不要放可燃物，千万不要用火炉来烘烤衣服，如果要烘烤，必须要有人看管。

6. 使用液化石油燃气灶要注意安全，点火时，要先开气阀，再用电子点火。用完后，要随手关阀门，同时特别要注意用液化气做饭、烧水时要专心看守，以防水把火浇灭。

7. 不要私自在野外进行野炊、烧烤等活动，以防引发山火。

8. 不要乱烧垃圾，同时不要把燃烧的煤渣放在垃圾堆里，这样容易引起火灾。

9. 清明节时，扫墓也要特别注意香、蜡引发的火灾。

10. 家中发生火灾应立即就地取材，用湿毛巾盖住火焰，并迅速切断火源。

11. 如果油锅着火，千万不要用水去灭火，更不要直接用手端锅，以免烫伤，应立即将锅盖盖上，或用沙土、棉被湮灭。

12. 如果是电器着火，立即拉闸断电，用干的毛毯棉被捂盖，切记不要用水扑救，因为水是导电的。

13. 发生火灾后第一件事是拨打"119"，并讲清着火地点。

14.发生火灾后不要慌张，匍匐前进，并用湿毛巾包住口、鼻，如果衣服上着火，不能盲目乱跑，应该扑倒在地来回打滚或跳入近旁的水中。

卫 生 防 疫

一、诺如病毒感染性腹泻

诺如病毒感染疑似病例：即急性胃肠炎病例,定义为 24 小时内出现排便 ≥ 3 次且有性状改变（呈稀水样便），或 24 小时内出现呕吐 ≥ 2 次者。诺如病毒感染有发病急、传播速度快、涉及范围广等特点，一旦有人感染，通常会发展为群体性的大规模传染。

诺如病毒的流行特点：

1. 季节性：全年均可发病，冬春季高发。

2. 传染源：人类是诺如病毒的唯一的宿主，患者和隐性感染者均为本病的传染源，30% 为隐性感染。患者潜伏期即可排毒，发病后 2 至 5 天为排毒高峰期。

3. 易感人群：普遍易感。

诺如病毒感染病例管理：在其急性期至症状完全消失后 72 小时应进行隔离。待身体痊愈，症状消失后 72 小时方可允许复课。

患者呕吐物处理：患者呕吐物含有大量病毒，如不及时处理或处理不当很容易造成传播，当病人在教室或宿舍等人群密集场所发生呕吐时，应立即向相对清洁的方向疏散人员，并对呕吐物进行消毒处理。在消毒和清洁过程中应尽量避免产生气溶胶或扬尘。消毒人员应按标准预防措施佩戴个人防护用品，如口罩、手套、护目镜、防护服、长筒靴。注意手卫生，消毒完成清洗双手。

呕吐物用一次性吸水材料（如纱布、抹布等）沾取5000mg/L～10000mg/L的含氯消毒液完全覆盖污染物，小心清除干净。在消毒和清洁过程中应尽量避免产生气溶胶或扬尘。清理的污染物用塑料袋密封，放入有盖的垃圾桶中。然后用消毒剂对可能被污染的区域及附近两米的范围进行擦拭或喷洒消毒，由外向内擦拭两遍。

厕所马桶或容器内的污染物，可小心倒入足量的5000mg/L～10000mg/L的含氯消毒液，作用30分钟以上，排入有消毒装置的污水处理系统。

清洁中使用的拖把、抹布等工具，盛放污染物的容器都必须用含有效氯5000mg/L消毒剂溶液浸泡消毒30分钟后彻底冲洗，才可再次使用。厕所、卫生间的拖把应专用。

5000mg/L配制比例为1∶10，100ml84消毒液（1量杯）加入900ml水。

10000mg/L配制比例为1∶5，200ml84消毒液（2量杯）加入800ml水。

二、流行性感冒

流行性感冒（简称流感）是由甲、乙、丙三型流行性感冒病毒（简称流感病毒）引起的急性呼吸道传染病，临床表现为发热（大于等于38℃）、头痛、肌痛、乏力、鼻炎、咽痛和咳嗽，可有肠胃不适。

流行性感冒的流行特点：每年11月份至次年3月份是我市流感样病例流行期，其中2月份春节前后发病能达到最高峰。预防流感最有效的方法是接种疫苗。在流感流行高峰前1至2个月接种流感疫苗能更有效发挥疫苗的保护作用。我国推荐接种时间为每年9至11月份。

流行性感冒病例管理：发热（体温大于等于38℃），或体温大于等于37.5℃伴畏寒、咳嗽头痛、肌肉酸痛者劝其及时就医，根据医嘱采取居家或住院治疗。待身体痊愈，症状消失48小时后方可允许复课。

三、新型冠状病毒感染

新型冠状病毒感染是指由新型冠状病毒感染引起的一种急性传染性疾病。最常见的临床表现为发热、干咳、乏力。对于普遍人群来说，均易感染。

新冠阳性病例管理：居家休息至少7天，体温正常，症状消失，复工、复课前连续两次抗原检测阴性，返校当日再进行一次抗原检测（专业部和德育处均有储备抗原），结果阴性再复工、复课。

四、水痘

水痘是由水痘—带状疱疹病毒引起的急性呼吸道传染病，可引起皮肤斑疹、丘疹和水疱疹，重症水痘可并发肺炎、脑炎、间质性心肌炎及肾炎等。

水痘的流行特点：

1.水痘一年四季均可发生，每年4至6月份及11至次年1月份为高峰月份，所有未患过水痘和未接种过水痘疫苗的人均为易感者。建议接种水痘疫苗。

2. 水痘患者为主要传染源，自出水痘前1至2天至疱疹干燥结痂时，均有传染性，主要通过空气飞沫和接触病毒污染的用品传播，传染性极强。

水痘病例管理：患病学生居家隔离至全部疱疹结痂方可复学。班级内如发现水痘患者，其他学生如果有发热、头痛、食欲不振、全身不适等症状，暂居家隔离2天，排除水痘再复课。

五、防病要求

1. 保持良好的手卫生。按照 7 步洗手法正确洗手，采用肥皂和流动水至少洗 20 秒。

2. 消毒通风：加强每日通风消毒，保持环境清洁。规范填写消毒通风记录表。每天通风至少 3 次，每次至少 30 分钟。日常消毒要求一天两次，除了门把手等容易腐蚀物品外最好用 500mg/L 84 消毒液擦拭或喷洒消毒，84 消毒液作用 30 分钟后要求开窗通风，用清水再擦拭一遍。

3. 多吃蔬菜水果、注意营养平衡；早睡早起，保证充足的睡眠。

4. 增加户外运动，加强体育锻炼；减少集体活动，增加自我保护意识。

5. 注意个人卫生，勤晾晒被褥，勤换衣，勤洗手，不共用毛巾手帕等。咳嗽和打喷嚏时用纸巾或袖子遮住口、鼻，出现流感样症状后或接触病人时要戴口罩。所有食物（尤其是海水产品）经过彻底煮熟后再进食。

宿舍文化

以建设优良学风为核心，以优化宿舍环境为重点，以树立正确的世界观、人生观、价值观为导向，弘扬主旋律，努力建设表达学生的精神风貌，表达人文关心的宿舍文化，不断满足学生日益增长的精神文化需求，为学生成才提供强大的精神动力。

内务卫生

内务卫生按照洁、齐、美、雅的内涵要求进行内务整理。

洁就是清洁卫生，宿舍地面、床铺、墙面、门窗等都干干净净；齐就是整整齐齐，桌面、铺上、床下，所有物品整齐有序；美就是美观大方，布局布置美观，表达合理，给人以美感；雅就是健康高雅，装饰物、张贴画健康向上，文化品位高雅。

宿舍文化

以学生为主体，以育人成才为根本宗旨，极力实现"宿舍是我家"的生活环境和住宿理念。这种宿舍家文化的建设在意识观念、行为模式、审美情趣、价值理念等方面具有积极的引导作用；也是我校落实"三全育人"机制，实现"立德树人"目标的具体体现。

宿舍文化建设目标：干净清新的环境，朴素大方的仪表，团结友爱的风气，求知创新的氛围，为人师表的情怀，拼搏进取的精神。通过开展丰富多彩的活动完善学生管理体制，促进宿舍文化建设，让我们的宿舍小家庭充满温馨，充满和谐。不论是五彩缤纷的墙面，还是风雅别致的一隅，或是清新淡雅的装饰，或是门上个性鲜明的寝室名，抑或是阳光下亲手培植的小小的绿茵，都是同学们宿舍文化建设的心血。

教 室 文 化

具有班级特色、书香氛围浓厚、环境优美整洁、富有激励性，关注学生的全面健康成长、长远发展。

1.制定富有特色的班级口号、班风、班训等，努力营造健康向上、富有成长气息的班级文化氛围。落实到具体行动中，培养班级的凝聚力和集体荣

誉感。

　　2. 发挥每一位学生的创造力，积极参与班级布置并定期更换，让每一堵墙都"说话"，要求班级文化建设有切合实际的实施方案，凸显主题，个性鲜明。

　　3. 建立班级图书角，努力扩大班级藏书量，调动每一位学生的读书积极性，鼓励学生制作读书卡片，写好读后感，让全体学生"感激书籍，享受阅读"。

社团文化

社团简介

　　我校大力实施素质教育，高度重视学生社团建设，立足培养有特长、有活力、有自信、有责任、有能力的优秀人才的育人思路，积极搭建学生社团，配备专业指导教师，定时开展社团活动，将学生社团这一有着丰富内涵和无限张力的教育载体打造成延伸的德育课堂，充分挖掘社团活动的育人功能，促进了学生全面发展、特色发展、健康成长。学生社团是校园文化的重要基石，是促进学生第二课堂教育的有力阵地，目前学校参加社团的学生数占学生总数的 40%。学校团委通过"七色光"社团联盟对社团加强指导，坚持"数量建团"与"质量建团"并举，从政策、制度、师资、经费等方面保障社团建设。

根据学生性格和年龄特点，结合专业特色和学生的兴趣需求，因材施教，形成"七色光"社团联盟。它是由 7 种不同的颜色组成，代表了不同的社团类型。"七色光"社团联盟寓意着积极的人生态度和开拓创新的勇气，永不言败的奋斗精神。

红色象征热情和忠诚，由国旗护卫队和志愿者社团组成。

橙色象征着光明和知性，由心理社、读书会等组成。

黄色象征智慧和希望，由无人机拍摄、记者团等组成。

绿色象征青春和活力，由篮球社、足球社等运动类社团组成。

青色象征古朴、典雅，由象棋、围棋等益智类社团组成。

蓝色象征理智与和谐，由书法、国学等文学类社团组成。

紫色象征神秘和浪漫，由舞蹈、音乐、绘画等艺术类社团组成。

在学校的组织下，学生自主自愿选报自己喜欢的社团，利用每天下午课外活动、周末课外活动时间，开展丰富多彩的社团活动，学校相关专业教师担任学生社团指导老师，全程为学生提供技能指导和服务。

以兴趣引领成长，使校园变成乐园，让校园文化给学生更多营养，既丰富了学生的课余文化生活，发展了学生个性特长，又激发了学生的无限潜能，

促进了学生的身心健康，极大提升了学生的综合素质。当前，社团活动的开展已经成为我校全方位育人的一张特色名片。

社团的意义

从拓宽学生素质、培养社会主义核心价值观、加强和改进学生思想政治教育、推进学风建设和构建健康和谐校园的高度认识社团文化建设的重要意义。"七色光"社团联盟的具体内涵是通过宣传教育方式和活动载体触动和引导学生对当下和过往的言行等表征进行解构和反思，进而对学习、生活意义进行思考，旨在达到能让学生通过明确自我追求和不足树立科学理想，不断砺志、砺言和砺行，走健康和谐的成才之路。

实现学校社团文化健康、稳定的发展，就要按照"全面、协调、可持续"的基本要求。做到规模和质量的协调发展，营造齐抓共管的良好育人环境，促进社团物质文化、精神文化、制度文化、行为文化的全面发展。通过规范社团类，激励社团群，培养品牌社团，提供相互学习、共同提高的氛围和交流平台，促使社团间的差异整合得到协同发展。通过实施社团文化人才培养、

精品打造、活动创新等工程，形成可持续发展的社团文化。

　　社团文化作为学校校园文化的重要载体，在丰富学生第二课堂、活跃学术氛围、增长学生知识、培养学生能力方面发挥了越来越重要的作用，在丰富学生生活方面起到了重要作用。

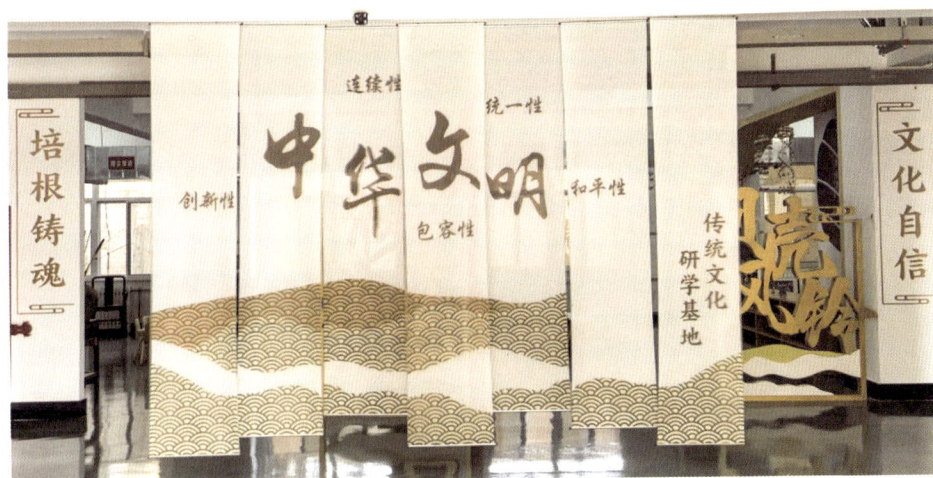

八、习惯文化

严于律己

　　国无德不兴，人无德不立。一个人的品德，刻印于做人做事的细节，彰显于具体而微的点滴，关乎精神气质、格局境界。保持清醒和自觉，时刻严格约束自己，是一种高尚素养与修为。"吾日三省吾身""君子求诸己，小人求诸人""律己则寡过，绳人则寡合"……古往今来，严于律己、以高标准要求自我，成为无数仁人志士的追求。

　　严于律己，就要心存敬畏、行有所止。学校开展"反校园欺凌"专题活动，通过主题班会，签署倡议书等活动，掌握应对校园欺凌的方法，增强了法治观念，提高了自我保护、自我防范的能力。开展"垃圾分类树新风"劳动教育活动，将学生的环保行动落到实处、扎根细节，共建美丽校园。"胜人者有力，自胜者强。"罗阳、邹碧华、廖俊波、黄大年……新时代一个个闪

亮的名字，皆可谓自胜者的典范。一个人越是在无人监督之时，越要谨慎从事、自我完善，胸怀强烈的使命感和责任感，保持奋发有为、开拓进取的精神状态。

严于律己，就要知行合一、表里如一。为强化当代青年的责任意识、自律意识和使命意识，学校每年都进行新生军训活动，新生军姿挺拔、目光坚定、动作规范、口号嘹亮，表现出团结一致、积极昂扬的精神面貌，也培养了学生的坚毅品格和卫生习惯。

严于律己，贵在一以贯之，难在坚持不懈。崇尚严于律己的品德，像珍惜生命一样珍惜自己的节操，不弃微末、久久为功，做一个一尘不染的人，我们就能在新征程上激昂精神、迸发力量、勇毅前行。

勤奋学习

伟大的事业需要伟大的精神，伟大的精神托举伟大的梦想。在历史长河中，中华民族勤于劳动、勇于奋斗，创造出灿烂的文明，历经沧桑而生生不息。回望百年，在中国共产党的坚强领导下，广大劳动者辛勤劳作、艰苦奋斗，谱写出换了人间的壮丽史诗。

勤奋学习是个人价值的累积和提升。保持高昂的工作热情和务实苦干精神，把对社会的奉献和付出看作无上光荣的事情，在生活中要注重培养认真踏实、恪尽职守、精益求精的工作态度。为培养师生的勤奋精神，学

校积极开展"匠心筑梦 技能成才"企业导师进课堂活动，带领师生走近劳模榜样，聆听励志故事，让工匠精神深入于心，引领学生成才成长；开展学徒选拔面试工作，实现专业设置与产业需求对接、职业标准对接，培养"有特长、会学习、强能力"的新时代工匠！在世赛班定期举行技能比武活动，检验选手集训水平、营造赛场气氛、提高实操能力，达到以赛促学、以学促练、以练促用目的。

勤奋学习是一种对事业全身心忘我投入的精神境界。成才的道路从来不止一条，只要努力奋斗，勇于逐梦，技能学子的人生一样可以大放光彩！为迎接学校40周年华诞，世赛基地师生利用暑假时间，"煎"守岗位，不惧"烤"验，开展"技能强校，报国有我"活动，将80字的入党誓词整整齐齐地镶贴在红色的瓷砖墙面上，一笔一画，遒劲有力，刚劲挺拔，每个笔画都展现出基地师生们高超的技能，所有的字符图案全部是手工切割，蕴含着新时代建校人热爱本行、追求卓越、精益求精的工匠精神。

迎客松扎根石岩，历经千年风雨，不屈不挠，世赛基地的老师与选手们将一棵充满建校风格的"迎客松"请进了学校，迎客松砌筑风景墙运用了现代切割技术，采用了先进组砌方式进行施工，历时65天，横跨春夏两季，切

割 1 万余次，用 2283 块砖拼成了长 5365mm，高 3392mm 的鸿篇巨著。画面气势宏伟、苍劲有力，融美学与力学于一体，是世赛成果转化的一次灵活体现，体现了现代工匠勤勉奋进、吃苦耐劳、执着坚定的精神。

恰是一生好年华，正是发奋学习时。青少年时期是苦练本领、增长才干的黄金时期。每个人都可以通过勤奋学习和努力工作，塑造优秀的人格，练就过硬的本领和才干，改变自己的前途命运。广大青年把勤奋作为一种追求和态度，作为探索未知世界的一把钥匙，就能让学习的灯塔始终照亮人生前行的道路。

热 爱 劳 动

劳动是创造物质财富和精神财富的过程，是人类特有的基本社会实践活动。劳动创造了人，推动人类社会不断发展。我们衣食住行所需物资，无不来源于劳动；我们所掌握的知识技能，也是来源于之前的劳动实践，可以说，劳动是我们存在和发展的基础，更是我们不断进步的不竭动力。古往今来，辛勤的劳动者一直被人民所歌颂，无论是"晨兴理荒秽，带月荷锄归"的耕作，抑或是"女郎剪下鸳鸯锦，将向中流匹晚霞"的纺织，劳动者的赞歌自古以来绵绵不绝。而今的大国工匠和劳动模范们，如时传祥精神的传承者李萌、中国地铁同龄人于松伟、代表中国冲击世界一流的高端数控机床设计师盖立亚等，更是为我们所赞美和尊敬。

2021年11月25日，以"技能点亮人生，劳动扮靓生活"为主题的劳动教育实践活动在学校正式启动，学校党委书记、校长蔡沐禅做动员讲话，他用贴近学生实际生活的事例，阐述了劳动教育的重要意义及实践方法，并号召师生关注劳动教育，不断提高劳动技能水平，努力培育积极向上的劳动精神和认真负责的劳动态度。

此后，学校开展了一系列劳动实践活动。"劳动大比武"活动以日常衣物叠放为比赛内容，引导学生动脑与动手相结合，在思考中劳动，在劳动中思考。

以传统节日为契机，开展了"巧手迎春　祝福祖国""'粽'情端午，感恩相伴""'劳动树新风，实践助成长'五一系列活动"等劳动实践活动，增强全校师生对中国传统节日的了解，丰富师生日常文化生活，提高同学们

的动手能力，让学生真切地感受到传统节日的独特魅力。学校还利用建筑专业优势，将教学区通往世赛基地、操场的主干道旁铺设一新，真正实现了理论知识在实践中的运用。

学生们在老师的带领下，利用课余时间，历经一个多月，将感恩园翻新，经过一年的辛勤劳动，益亩花田实践园迎来了繁花盛开、争奇斗艳的美丽景色，益亩花田的翻新打造，谱写了师生共建劳动教育的大文章。除此之外，在日常的教育教学活动中，学校开展叠被子大赛，向全校学生演示叠被子、整内务的方法技巧，提高内务整理水平；多次开展卫生大扫除活动，清洁环境，美化校园，让劳动最光荣的理念深入每位学生的心中。

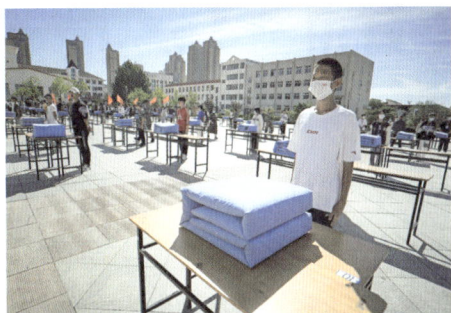

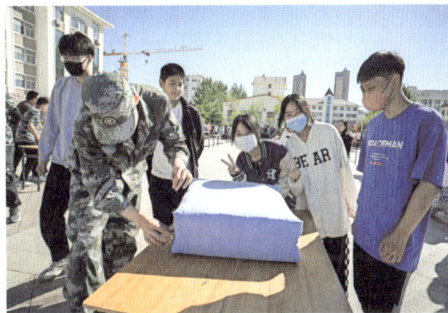

学校聚焦立德树人根本任务，发挥各专业特色优势，通过开展劳动教育，发扬劳动精神。学生在学习专业的同时，接受劳动教育，调动学生的劳动积极性，达到以劳树德、以劳健体、以劳促智、以劳育美的育人效果，真正实现"技能点亮人生，劳动扮靓生活"。

坚 持 锻 炼

少年强、青年强，则中国强。青少年一代肩负着中华民族伟大复兴进程中的重大历史责任，推动全民健身运动发展，深化体教融合促进青少年健康发展，是教育必然承担的历史使命。培养德智体美劳全面发展的接班人，是当代教育的应有之义。在学习知识、涵养品德之外，锻造强健的体魄也是青少年成长成才的重要基础。

学校在开齐开足体育课的基础上，重视学生体育训练体系的建设，积极举办各类体育比赛，提升学生身体素质，培养青少年对体育运动的兴趣和爱好，推动全民健身和阳光体育运动的深入开展，引导莘莘学子走向操场、走近自然、走到阳光下。学校科学安排体育课运动负荷，广泛开展阳光体育运动和大课间活动，发展学校特色

体育项目，迷你马拉松和军事会操比赛既锻炼了学生的体能也锤炼了学生的意志；体育运动会帮助学生在体育锻炼中增强体质，激励学生参加各级各类体育竞赛；大力推进社团活动，鼓励学生积极参加篮球社、足球社和乒乓球社等体育社团，充实学生的课后生活，促进学生健康发展。

超越自我是同学们的最佳状态，生在新时代，更应该肩负起体育强国之梦，拥有良好体魄，才能助力新时代的新征程，为实现梦想画上最完美的句号。

承担责任

青少年是祖国的未来、民族的希望。广大青年要强骨气，在艰苦奋斗中砥砺意志品质，以青春之骨勇担重任，不负党和人民期望。我们正处在中华民族伟大复兴的新征程里，每个年轻人都应该树立远大的理想和抱负，在不懈奋斗中实现自己的人生价值。作为新时代青年学子，理应努力使自己成为

祖国建设的有用之才、栋梁之材，为实现中国梦奉献智慧和力量。

　　同学们要强志气，在爱党爱国中坚定理想信念，以青春之志照亮未来，不负伟大时代。为培养学生的责任心、自信心，勇担使命，学校利用纪念日、

节日，通过系列活动开展理想信念教育。在第60个学雷锋纪念日到来之际，学校组织开展了"雷锋月"系列活动，积极开展各类志愿活动，校园的每个

角落，都留下了属于他们的最美背影。4月份，学校开展清明系列活动，以"忆先烈、颂英魂"为题组织同学们开展英雄故事演讲比赛活动、开展"清明咏怀"诗词朗诵会等，进一步弘扬民族精神，增强爱国主义情感。在"五四"来临之际，开展"青春践行二十大，筑梦奋进新征程"新团员入团宣誓仪式和"立青春之志　聚奋斗之力"庆"五四"主题团建活动，引导同学们更好继承和发扬"五四"精神，让学生们更深入地了解中国的历史和伟大的革命先辈的英勇事迹，更加深刻地领会民族精神的时代内涵，从小树立民族自尊心、自豪感、责任感和使命感，激发学生为祖国繁荣富强而不懈努力，为中华民族的伟大复兴而发愤图强的决心和信心。

同学们要强底气，在实学实干中锤炼知识本领，以青春之行开创事业，不负美好韶华。学校开展学生技能竞赛周活动，结合专业实训教学特色内容，设置电工技能、机械制图手工绘图、钳工技能、手工点钞、手工记账等赛项，为学生之后更好适应生产岗位需求打下了坚实的基础。多姿多彩的社团活动全面开展，3D打印社团举办了"建校境界系列作品展"活动，增强了学生的专业实践能力和动手能力；千彩美术社以春色为主题展开一系列的美术创意制作活动，展现了学生丰富的创作能力和不凡的手工功底；举办第二届烟台市黄炎培创新创业大赛校内选拔赛，内容涵盖了手工文创、无人机、建筑模型、汽车装饰等多个行业和领域，充分展示了新时代学生昂扬向上的精神风貌和严谨扎实的专业能力。

实现中国梦，需要依靠青年，也能成就青年。同学们要练就过硬本领，树立梦想从学习开始、事业靠本领成就的观念；要勇于创新创造，不断更新与时代发展和事业要求相适应的素质和能力，在劈波斩浪中开拓前进，在攻坚克难中创造业绩，以创新创造为国家发展做出应有的贡献。

爱 心 助 人

送人玫瑰，手留余香；黑夜给了星星一片天空，在星光闪烁之中，也填补了黑夜的冷清与肃穆；清泉给了鱼儿一些空间，鱼儿在畅快游弋的同时，也增添了清泉的情趣；大海给了流水一片空间，在激活流水的同时，也丰富了自己。

"与人方便，自己方便"，生活本该如此，有所失有所得，或许你赠予别人一杯清水，得到的就可能是一眼清泉。乐于助人是中华民族的传统美德，学校举办"让雷锋精神在新时代绽放更加璀璨的光芒"学雷锋活动，让同学们学习雷锋精神，大力弘扬"奉献、友爱、互助、进步"的志愿精神，学习雷锋爱心助人的优良品质，让学雷锋在新时

代蔚然成风。

卞之琳在《断章》中写道：你站在桥上看风景，看风景的人在楼上看你。明月装饰了你的窗子，你装饰了别人的梦。楼上的别人，桥上的你，天上的明月，无论缺少任何一方，都不会是一幅完整的图画。不要吝惜将自己的欢乐分给别人，因为这样你就可以得到双倍的快乐。学校组织学生积极投身于文明实践活动，为美化城市环境"加分"，同学们深入北秀苑社区开展"变电箱换'新衣'，用心'扮亮'街道"志愿服务活动，给人们带来了不一样的视觉享受，"各美其美，美人之美，美美与共，天下大同"，以自我之美装饰他人之美，同时也收获美丽，送人玫瑰，何乐而不为？相反，以自我为中心、故步自封，终将淹没在自我之中，不可自拔，正如一潭死水，终有一天会发霉变味。

有人说天堂和地狱的距离并不遥远，不是为别人，而仅仅为自己，那便是地狱；不仅为自己，更为别人，在互助中共生，那便是天堂。当你以一颗博爱的心去包容他人时，他人会回赠你同等的爱，当你微笑着面对世界时，整个世界都在对你微笑。赠人以爱，在收获爱的同时也会爱满人间，芳香永存。

讲究卫生

文明卫生，能让人如沐春风，心旷神怡；文明卫生，能使人行走无阻；文明卫生，能令空气清鲜，城市整洁。爱清洁、讲卫生是现代文明的标志，社会越是进步，人类越是发展，清洁卫生意识将会越来越强。

校园是我们生活学习的主要场所，校园环境卫生的好坏与我们每个同学的身体健康有着密不可分的关系，而校园环境必须靠大家共同创造。爱清洁讲卫生不仅要做到讲个人卫生，还要把我们的学校当作自己的家，把自己的班级、学校的卫生打扫干净。学校将劳动教育与讲究卫生相结合，组织学生开展"爱劳动、抗疫情、守校园"活动，对校园公共场所进行消毒杀菌；开展"青春志，中国梦"系列活动，清理打扫教室卫生，打造最美教室；

五一劳动节之际，学校开展装扮教室、美化校园系列活动，评选最美教室，在美化环境中，体悟生命的内涵，创造青春的价值；学雷锋志愿活动中，学校从文化布置、卫生情况、整体效果等方面，进行最美教室、最美宿舍的评选；学校卫生部成员、志愿者服务队定期进行校园垃圾及学校周边垃圾清理工作，展现城建学子讲文明讲卫生的良好风貌。

同学们，让我们行动起来，"新世纪，新时代，新国家，新文明"，不要让文明沦为空谈，不要让文明敷于纸上，我们要让它活跃在生活当中，无所不在。让我们做文明、卫生的主人，文明卫生，从我做起！

礼貌礼仪

《三字经》讲："为人子，方少时，亲师友，习礼仪。"傅雷先生在《傅雷家书》中教育儿子"待人要谦虚，礼仪要得体，遇困境不气馁，获大奖不骄傲"，这些都是礼貌礼仪的重要内容。

良言一句三冬暖，恶语伤人六月寒。同学们现在正处在学习知识、养成良好习惯的黄金时期，养成好习惯，会让我们受益一生，一旦染上坏习惯，

会让我们悔恨一生，我们要随时随地使用文明用语。学校利用晨读时间，让同学们朗诵阅读文明礼仪的诗篇，提升文明用语意识，养成遵守文明礼仪的良好习惯。学生是校园文明礼仪的创造者、受益者，"勿以恶小而为之，勿以善小而不为"，学校利用开学第一课，让同学们从小事做起，讲究社会公德，脚踏实地，让校园更加文明有礼，和谐美好。"爱美之心，人皆有之"，每个人都追求一种大方得体的形象美，讲究干净整洁的服饰美，学校成立礼仪队社团，旨在提高学生综合素质，将文明礼仪和女生教育相结合，利用社团课开展一系列礼仪课程，全面促进学生的文明礼仪素养、个人形象和内在气质的提升。

良好习惯一小步，社会文明一大步。讲究文明礼仪是一种习惯，更是一种能力，一种财富，终身受用。同学们，让我们渐渐养成这种习惯，学做文明人，热爱文明，拥抱文明，爱护环境，文明校园，从我做起，从每一件小事做起，让文明礼仪之花在校园处处盛开，让文明礼仪与我们时时同行。

九、制度文化

学校各级各类先进评选办法

为推动"争先创优"活动深入开展、深入挖掘，发现学生中的先进典型，树立青年学生上进的先进榜样，展现学生崭新的精神风貌，特制定我校各级各类先进的评选办法。

第一章　范围与比例

第一条　范围：在校学生

第二条　比例

国家、省、市、区先进按上级分配名额，校级先进：新生按班级总人数的10%推荐，老生按班级总人数的15%推荐，先进班集体按级部分配名额。

第二章　评选标准

第三条　先进个人

（一）坚持四项基本原则，拥护和贯彻执行党的路线、方针、政策，在政治上和行动上同党中央保持一致。

（二）遵守国家法律和校规校纪，在历年思想品德评定和综合测评中成绩优秀。

（三）学习成绩优秀。

（四）积极参加集体活动和体育锻炼，身体健康。

（五）有突出贡献或在重大活动中为学校争得荣誉。

第四条　先进集体

（一）所在班级积极参加学校组织的各项活动，班风正、学风浓、班级具有较强的凝聚力。

（二）班级在一年的常规检查当中成绩名列级部前茅。

（三）学生当中无重大违纪行为。

（四）有突出贡献或在重大活动中为学校争得荣誉。

第五条　评选办法

（一）先进个人由班级民主评议在规定范围内确定班内推荐人员，先进班集体按班级量化考评成绩推荐班级。

（二）由学校校长、专业部负责人和相关教师组成评议小组确定初选人员。

（三）将初选名单张榜公布，广泛听取意见，确定上报名单。

（四）上报人员按要求填写"各级各类先进评选表"。

《国家奖学金推荐实施方案》

为做好我校国家奖学金获奖学生推荐工作，按照奖学金评审条件评选出优秀学生，确保推荐工作严谨、公开、公平、公正，符合评审程序和政策要求。学校依据《烟台市教育局关于做好 2021 年奖助学金评审发放工作的通知》和《山东省中等职业教育国家奖学金实施细则》，现制定烟台城乡建设学校《国家奖学金推荐实施方案》。

第一章　成立学校评审组织机构

第一条　学生资助工作领导小组

学生资助工作领导小组成员由校级领导担任。校长任组长。

第二条　国家奖学金评审小组

国家奖学金评审小组成员由学校学生资助工作领导小组指定与学生资助工作有关的专业部人员担任。

组长：分管校长

成员：德育处、教务处、专业部相关负责人员

第三条　奖学金评审委员会

《烟台市教育局关于做好 2021 年奖助学金评审发放工作的通知》中要求：由学校资助管理机构负责同志、院系分管领导、班主任、学生代表组成奖学金评审委员会。

学校奖学金评审委员会由以下人员组成：

组长：分管德育校长。

副组长：德育处负责人。

成员：专业部负责人、班主任、各专业部学生会主席、班级学生代表。

第二章　国家奖学金基本申请条件、范围

中等职业教育国家奖学金（以下简称国家奖学金），用于奖励中等职业学校全日制正式学籍在校生中特别优秀的学生。

第四条　国家奖学金的基本申请条件

具有中华人民共和国国籍。

热爱社会主义祖国，拥护中国共产党的领导。

遵守宪法和法律，遵守《中等职业学校学生公约》，遵守学校规章制度。

诚实守信，道德品质优良。

在校期间学习成绩、道德风尚、专业技能、社会实践、创新能力、综合素质等方面表现特别优秀。

第五条　在符合基本条件前提下，申请人还应满足以下具体条件

年级要求。全日制二年级及以上学生可以申请国家奖学金。

成绩表现等要求。学习成绩排名位于年级同一专业前5%（含5%）的学生可以申请国家奖学金。对在道德风尚、专业技能、社会实践、创新能力、综合素质等某一方面表现非常突出的学生，学习成绩排名可放宽至30%（含30%），同时需要提交详细的证明材料。

第六条　"表现特别突出"主要是指在社会主义精神文明建设中表现突出，具有见义勇为、助人为乐、奉献爱心、服务社会、自立自强等实际行动，在本校、本地区产生重大影响，在全国产生较大影响，有助于树立良好的社会风尚。

在职业技能竞赛或专业技能竞赛方面取得显著成绩。在世界技能大赛取得优胜奖以上和入围世界技能大赛中国集训队及国际性职业技能竞赛获前8名，在中国技能大赛等全国性或省级职业技能竞赛获得优秀名次（一类职业技能大赛前20名、二类职业技能竞赛前15名）。在全国职业院校技能大赛等专业技能竞赛获得三等奖及以上奖励，省级选拔赛获得二等奖及以上奖励。

在创新发明方面取得显著成绩，科研成果获省、部级以上奖励或获得通过专家鉴定的国家专利（不包括实用新型专利、外观设计专利）。

在体育竞赛中取得显著成绩，为国家争得荣誉。非体育专业学生参加省级及以上体育比赛获得个人项目前三名，集体项目前二名。体育专业学生参加国际和全国性体育比赛获得个人项目前三名、集体项目前二名。集体项目应为上场的主力队员。

在重要艺术展演文艺比赛中取得显著成绩。非艺术类专业学生参加全国

中小学生艺术展演或同等水平比赛，获得三等奖及以上或前三名奖励；艺术类专业学生参加全国中小学生艺术展演或同等水平全国性及国际性比赛，获得三等奖及以上或前三名奖励，以上展演（比赛）省级遴选获得二等奖及以上或前二名奖励。集体项目应为主要演员。

获省级及以上三好学生、优秀学生干部、社会实践先进个人、杰出青年、五四奖章等个人表彰或荣誉称号。

参加全国中等职业学校文明风采优秀作品展示展演的个人或集体项目主要创作人员。

在创业等其他方面有优异表现的。

第三章　评审程序

第七条　符合条件的学生个人自荐

符合推荐条件的学生个人向专业部进行自荐。

第八条　各专业部民主推荐

学校按学生实际人数分配各专业部推荐限额。各专业部结合学生在校综合表现推选出"国家奖学金推荐人选候选人"。

第九条　专业部范围内公示

各专业部推选出的推荐人选候选人面向本专业部全体学生进行公示，公示时间不少于5个工作日。公示无异议后将各专业部国家奖学金候选人推荐意见上报学校国家奖学金评审小组。

第十条　对专业部推荐人选进行资格审查

学校国家奖学金评审小组对各专业部推荐人选候选人基本条件进行审查。

德育处对各专业部推荐人选候选人进行违规违纪行为审查，审查结果上报学校国家奖学金评审小组。

第十一条　学生综合表现量化赋分

1. 依据《烟台城乡建设学校国家奖学金推荐候选人综合表现量化赋分标准》，国家奖学金评审小组对各专业部推选出的推荐人选候选人进行量化赋分，形成个人原始得分。

2. 将推荐人选候选人综合表现量化个人原始得分换算成百分制，满分100分。

量化总分＝个人原始分／最高分×100

（注："最高分"为个人原始得分第一名的个人得分）

第十二条　奖学金评审委员会进行民主评议

学校奖学金评审委员会结合学生在校表现对各专业部推选出的推荐人选候选人进行民主评议，满分100分。

第四章　确定候选人

第十三条　将推荐人选候选人综合表现量化分数（占比60%）和民主评议分数（占比40%）进行合计，最终确定国家奖学金推荐人选候选人的综合得分。

第十四条　按照上级下发的推荐限额，根据综合得分由高到低的顺序依次推选出学校上报推荐人选。

第五章　校内公示

第十五条　学校上报推荐人选在全校范围内进行公示，公示时间不少于5个工作日。公示无异议后，学校国家奖学金评审小组按要求上报市教育局学生资助管理中心。

《烟台城乡建设学校家庭经济困难学生认定办法实施细则》

为全面推进精准资助，不断健全学生资助制度，公平合理地分配学生资助资源，根据《山东省教育厅等7部门关于印发〈山东省家庭经济困难学生认定办法〉的通知》（鲁教财发〔2019〕1号文）的文件精神，结合本学校实际工作情况，特制订《烟台城乡建设学校家庭经济困难学生认定办法实施细则》。

第一章　总则

第一条　为全面推进精准资助，公平合理地分配资助资源，确保资助政策有效落实，根据国家有关规定和指导意见，结合我校实际，制定本办法。

第二条　本学校的家庭经济困难认定工作适用本办法。

本办法所指家庭经济困难学生，是指在本校就读，其家庭经济能力难以满足在校期间学习、生活基本支出的学生。

第三条　家庭经济困难学生认定工作遵循下列原则：

1.坚持实事求是、客观公平。认定家庭经济困难学生以学生家庭经济状况为主要认定依据，认定标准和尺度要统一，确保公平公正。

2.坚持定量评价与定性评价相结合。既要建立科学的量化指标体系，进行定量评价，也要通过定性分析量化结果，以更加准确、全面地了解学生的实际情况。

3. 坚持公开透明与保护隐私相结合。既要做到认定内容、程序、方法等公开透明，又要尊重和保护学生隐私，严禁让学生当众诉苦、互相比困。

4. 坚持积极引导与自愿申请相结合。既要引导学生如实反映经济情况，主动利用国家资助完成学业，也要充分尊重个人意愿，遵循自愿申请的原则。

第二章　组织机构与职责

第四条　学校成立由蔡沐禅校长任组长、分管德育处工作的副校长为学生资助工作领导小组副组长、德育处及各专业部主要负责人为成员的学生资助领导小组，负责认定工作的领导和监督。德育处承担领导小组办公室的职能，负责认定工作的组织和管理。

第五条　以班级为单位成立评议小组，由班主任任组长，任课教师、学生代表或家长代表担任成员，学生代表或家长代表人数合理配置，一般不低于班级总人数的10%。评议小组负责认定工作的民主评议。评议对象不应作为评议成员。

第六条　各专业部成立由专业部主任任组长的认定小组，各班班主任认定小组成员，对各班提出的助学金同学进行初步评议认定，确定专业部的助学金初选名单。

第七条　学校资助管理领导小组对专业部提交的初步认定名单集体研究，确定助学金最终资助名单。

第三章　认定依据与档次

第八条　认定家庭经济困难学生依据以下因素：

1.家庭经济因素。主要包括家庭劳动力及职业状况、家庭财产及收入、家庭负担等情况。

2.特殊群体因素。主要指脱贫不脱政策、边缘易致贫家庭学生、城乡最低生活保障和低保边缘家庭学生、特困供养学生、孤儿、事实无人抚养儿童、重点困境儿童、烈士子女、残疾学生及残疾人子女等情况。

3.地区经济社会发展水平因素。主要指校园地、生源地经济发展水平、城乡居民生活保障标准等情况。

4.突发状况因素。主要指遭受重大自然灾害、重大突发意外事件等情况。

5.学生消费因素。主要包括学生消费金额、消费结构等情况。

6.其他影响家庭经济状况的因素。

第九条 家庭经济困难学生认定档次可分为特殊困难、困难和一般困难三档。

有下列情况之一的,认定为特殊困难:

1.脱贫不脱政策、边缘易致贫家庭学生;

2.城乡最低生活保障和低保边缘家庭学生;

3.城乡特困供养学生;

4.孤儿、事实无人抚养儿童;

5.重点困境儿童;

6.烈士、优抚家庭子女;

7.家庭经济困难的残疾学生及残疾人子女;

8.因其他原因(如家庭遭受重大自然灾害或重大突发意外、家庭成员患重大疾病等)造成经济特别困难的家庭的学生。

有下列情况之一的,可认定为困难学生:

1.遭受自然灾害及突发事件家庭财产损失严重的;

2.父母务农或父母一方暂时失业,家庭成员中有残疾或疾病医疗费用负担较重的；

3.单亲家庭且无经济收入或收入无法维持学生本人学习、生活需要的；

4.其他特殊原因造成的家庭经济困难。

有下列情况之一的，可认定为一般困难学生：

1.学生基本生活费用低于学校所在地区城乡居民最低生活保障或学校学生日常平均消费水平的；

2.父母务农无其他经济来源，有两名子女同时在接受非义务教育阶段的普通学历教育，家庭经济负担较重的；

3.因其他原因造成家庭经济相对困难的。

有下列行为之一的，不能认定为家庭经济困难学生，已经通过认定的，应取消其受助资格：

1.隐瞒家庭经济实际情况、提供虚假信息的；

2.由于家庭建房、购房、购车等原因造成家庭经济暂时困难的；

3.由于生活奢侈浪费等原因造成生活暂时困难的；

4.有其他不符合认定条件的。

第四章 认定程序

第十条 家庭经济困难学生认定工作原则上每学年进行一次，每学期按照家庭经济困难学生实际情况进行动态调整。工作程序一般包括提前告知、个人申请、学校认定、结果公示、建档备案等环节。

第十一条 每学年开学前，学校通过多种途径和方式，提前做好资助政策宣传工作，向学生或监护人告知家庭经济困难学生认定工作事项，并发放家庭经济困难学生认定申请表。

第十二条 学生或监护人自愿提出申请，如实填报家庭经济困难学生认定申请表，并提供自然灾害、突发事件、重大疾病等相关资料。

第十三条　评议小组收集学生或监护人提交的相关证明家庭经济困难情况的材料，结合学生日常消费行为等因素，确定家庭经济困难学生资格，并按困难程序进行排序，报认定小组审核。

第十四条　认定小组汇总、审核评议小组提交的初步评议结果，统筹各评议小组家庭经济困难学生情况，初步确定家庭经济困难学生认定名单及档次，并以适当方式、在适当范围内公示不少于2个工作日。公示时，严禁涉及学生个人敏感信息及隐私。

第十五条　学校学生资助管理部门汇总、审核认定小组提交的初步认定结果，统筹各认定小组家庭经济困难学生情况，对家庭经济困难学生认定档次予以适当调整，并以适当方式、在适当范围内公示不少于5个工作日。

第十六条　学校学生资助工作领导小组审核、批准家庭经济困难学生名单及档次。

第十七条　学校应建立家庭经济困难学生信息档案，并按要求录入全国学生资助管理信息系统。

第五章　监督与管理

第十八条　学校应加强学生资助信息安全管理，不得泄露学生资助信息。

第十九条　学校认定机构应严格工作制度，规范工作程序，认定工作人员应坚持原则，认真履行，做到公平、公正。

第二十条　学校应加强学生诚信教育，要求学生或监护人如实提供家庭经济情况，并及时告知家庭经济变化情况。对故意提供虚假信息者，应及时取消其受助资格，收回资助资金，情节严重的追究当事人责任。

第六章　附则

第二十一条　本细则适用于我校在校学生。

第二十二条　本细则由学生资助办公室负责解释。

第二十三条　本细则自公布之日起施行，原《城乡建设学校困难学生认定办法实施细则》（烟建校字〔2019〕42号）同时废止。

《学分制实施方案（试行）》

第一章　总则

为了全面贯彻上级职业教育工作精神，深化学校的教学改革，体现以人为本的教育理念和培养目标的多元化，培养学生特长，发展学生个性，凸显学校办学特色，经过充分的调查研究，学校决定推行学分制。为了保证此项工作能够顺利进行，特制定本方案。

学校实行学分制的指导思想是：坚持"以就业为导向，以服务为宗旨，以质量为核心"的办学理念，以实践性教学为重点，坚持因材施教原则，贯彻以人为本理念，使我校教育教学工作真正面对社会需求，面向全体学生，使每个学生都能得到适合自身特点的最佳教育和全面发展。

学校学分制的基本点：

以学分表示教学课程、实训课程在教学计划中的分量；

承认学生个别差异，包括才能、特长、爱好、学习基础与勤奋程度等；

根据学校思想实施拓展性教学，学生可根据自己能力和基础选择相应任选课。

第二章　课程设置

第一条　学校学分制教学计划的长远目标是将课程分为必修课、专业课（专业拓展课）和任选课（学校选修课）三种课型。

1. 必修课

必修课是指为保证学校人才培养的基本规格和质量，教育行政部门规定的必须开设、学生必须修习的课程，教学内容是一个职业群体所共同必备的基础知识和基本技能。

必修课主要是文化基础课，包括思政、语文、数学、英语、信息技术、公共艺术和体育与健康等，一般为考试科目。

作为必修课的思政、语文、数学、英语、信息技术、体育与健康等基础课程不少于总课时的1/3。

2. 专业课

专业课是指在专业业务范围内，学生按照规定要求必须选修的深化、拓宽与专业相关的知识和技能的课程。

专业课是体现职业专门化方向的课程，教学内容是从事一定专业岗位工作所必需的专业知识和专业技能。在一个专业内一般设置多个专业模块（含岗位工作），一个专业模块的专业课一般由相关的几门专业课(含技能课)组成。

专业课的课程比例根据不同专业而定，理论课课时与实践课课时比例约为 1∶1。

3. 任选课

任意选修课是指学生根据个人兴趣和实际需要选择的扩大知识面、提高适应能力的课程。学生可以根据自己的需要、兴趣和能力自由选修，以拓宽、优化自己的知识和能力结构。

任选课包括非必修的各种有效的职业资格鉴定和技术等级考试及综合素质提高课程，比例由各专业根据课时总数灵活安排。

第二条　学分制实施性教学计划应将必修课程和专业课程按课程内在的递进关系在各学期科学设置。

第三条　学分制实施性教学计划在每届新生入学前制定。实施性计划由学科拟定初稿，教务处负责统稿，经分管教学校长初审，由校长办公会议讨论通过后执行。

第三章　学分的确定和取得

第四条　学分是衡量学生学习分量、学习成效的单位，是学生获得学业证书的主要依据，也是学校组织教学的依据。计算学分以课程（含实践课程）在教学计划中的课时数为主要依据，以学期为计算单位（奖励学分以学年）。

第五条　学生学分一般由德育学分、学业课程学分、奖励学分组成。即：学生总学分＝德育学分＋学业课程学分＋奖励学分。

第六条　德育学分：从主要考核角度展开多项细化评价，以学期为单位进行折算，依符合程度打出分数。

第七条　学业课程学分包含理论部分和实践部分：理论部分即前文提到的必修课、专业课和任选课三部分，以学期为单位，以课程在教学计划中安排的课时数为主要依据，一般课程以每学期每周授课课时数为学分数，对不足一学期的课程以实开周数与学期上课周数之比进行折算；实践部分包括综合实训、岗位实习、毕业实践、公益劳动、军训、入学教育和毕业教育等，按周计算，以学期为单位，一学期累计不足一周的不计算学分，按照企业评价成绩进行折算。跨学期开设的课程按各个学期分别计算学分。

第八条 奖励学分：学生参加的各类比赛获得的荣誉、参加职业资格鉴定取得相应证书等折合的学分。

第九条 根据各专业人才培养最低要求，实行学分制后，学生毕业时的总学分为学业课程学分、学业课程学分实践部分和德育学分之和。

第四章 学业课程学分与成绩考核

学生应按规定完成课程学习，并参加课程考核（过程考核与期末考核相结合），总评成绩在合格以上，方可获得相应课程学业课程学分。

第十条 成绩考核以过程考核成绩作为总评成绩，或过程考核成绩与期末考试成绩相结合作为总评成绩，期末考试可采用笔试（闭卷、开卷）、口试、实操等不同方式。考核方案经教务处批准后实施。

第十一条 学生所修课程的成绩以学期总评成绩作为计算学分的依据。

学校实践课程为专业课中包含实践学时的课程；学校理论课程为专业课中不包含实践学时的课程。其中理论总评与课程总评成绩即指考试所得成绩。

第十二条 学生有下列情况之一者，不能参加所修课程考试，不能取得该门课程的学分。

缺课：不论何种原因缺课课时数超过该课程总课时数的 25% 者；

作业：未完成作业量超过该科作业总量的 25% 者；

课堂学习纪律：学习态度不端正，上课迟到、早退、吵闹、不认真听讲者，以课堂情况记录表为准，记录次数超过该课程总课时数的 20% 者；

可由任课老师提名、专业部审查、主管校长批准取消考试资格。可视其改正程度酌情给予补考。

第十三条 擅自不参加考试或考试作弊者，该课学分记零分，参与下一级学生考试，合格者可计为相应学分。

第十四条　由于客观原因不能参加正常考试的学生，需由本人提出书面申请，经班主任签字后报专业部审批，参加下一级学生考试，合格者计为相应学分。

第十五条　为鼓励学生取得更好的成绩，对学生学业课程实行绩点考核。

《学籍管理规定》

第一章　总则

第一条　为了进一步规范烟台城乡建设学校学籍管理工作，实现学籍管理的信息化、科学化、制度化，维护正常的教育教学秩序，保障学校学生的合法权益，根据教育法、义务教育法、未成年人保护法、山东省义务教育条例以及教育部《中小学生学籍管理办法》《中等职业学校学籍管理办法》《山东省普通中小学学籍管理规定》《烟台市教育局职成教科关于进一步规范中等职业学校学生学籍管理工作的通知》等有关法律法规和文件，结合我校实际，制定本规定。

第二条　本规定适用于烟台城乡建设学校所有符合招生入学政策在校就读的学生。

第三条　学生学籍实行专业部属地管理、分级负责的管理体制。

学校教务处统筹学生学籍管理工作，制订学籍管理规定，指导、监督、检查专业部的学籍管理工作。

专业部负责本专业部内学生学籍管理工作,指导、督促班级学籍管理工作。

班主任负责本班级学籍管理工作,监督学生遵守学籍管理规定。

学生负责本人学籍的建立、信息确认、报送备案材料等工作。

第二章　学籍建立

第四条　新入学学生应按时到学校报到,办理入学手续。学生因特殊情况不能如期报到的,学生或其父母、其他法定监护人须提前向学校提出延缓入学书面申请,经学校同意后,办理延缓入学手续。新生如在规定报到时间结束两周后仍未到校办理手续且未向学校请假,除因不可抗力等事由外,丧失入学资格。

第五条　学校以班为单位建立学生学籍。

第六条　一年级学生办理入学手续后,班主任应为其收集、完善、审核学生已有学籍信息、采集新的学籍信息,建立学籍档案,并在入学后2个周内报送专业部、招生和就业指导处和教务处确认。

第七条　任何专业部和个人不得为违反招生政策、擅自扩大招生范围、超计划招收的学生和未报到的学生建立学籍,教务处对上述情况的学生不予注册学籍。

第八条　学籍号一人一号,终身不变。

第九条　教务处依据教育部《中小学学生学籍信息化管理基本信息规范》《烟台市教育局职成教科关于进一步规范中等职业学校学生学籍管理工作的通知》等要求,为学生建立学籍电子档案和纸质档案。电子档案管理使用全省统一的学籍管理系统,纸质档案由学校管理。

学生转班的,学籍档案移交转入班级管理。

第十条　学生学籍档案内容包括:

（一）教育部电子学籍管理系统规定的学籍基础信息；

（二）学籍信息变动情况及有关证明材料（户籍证明、退学申请、休学申请、转班申请等）；

（三）综合素质情况（含课程学习情况、学业考试信息、体育运动技能与艺术特长、顶岗实习情况等）；

（四）体质健康测试及健康体检信息等；

（五）在校期间的获奖信息；

（六）学籍主管部门要求的其他信息。

第三章　信息校对

第十一条　教务处学籍管理员负责对学生管理系统中的信息进行管理，更正、补全学校信息。

第十二条　学生和班主任要对学生系统上每一名学生的信息进行认真核对，补全不完整信息、更正错误信息。学生系统中的一般信息，由教务处更正后提交市级审核。学生姓名、身份证号等重要信息的更改，由学生及其监护人提出申请，填写《烟台市中等职业学校学籍信息变更申请表》，由教务处学籍管理员持《烟台市中等职业学校学籍信息变更申请表》、学生户口簿、身份证原件及复印件、学籍登记表等到市教育局职成教科办理。

第四章　转班

第十三条　因班级管理的因素确需转班的，由学生本人、父母或其他法定监护人提出申请，经转入和转出班级、专业部同意，并报学校审核通过后，由教务处负责在系统中办理。毕业年级学生一般不准转班。

第十四条　学生转班按照年级对应、专业对应、学制对应原则。

转班仅限于同一级部、同一专业内；也仅限于同一学籍性质内，即大专学生只能转入大专班级，三年制中专学生只能转入三年制中专班级，一年制中专学生只能转入一年制中专班级。

第十五条　学籍实行"籍随人走"，未按规定办理转班手续的学生，学籍工作由原班主任负责。

第五章　休学、复学与退学

第十六条　学生因病或其他特殊原因，无法坚持正常学习的，可由学生本人或其父母、其他监护人持县级（含县级）以上医疗机构证明、病历、相关医疗费用单据或其他有效证明，并填写《烟台市中等职业学校学生休（复）学申请表》，经班级、专业部、学校审核同意，报教务处、市教育局批准后办理休学手续。治疗期在半年以上的，应要求其办理休学手续。

学生休学期间，不享受在校生待遇。

第十七条　学生患有《中华人民共和国传染病防治法》规定的甲、乙、丙类传染病并在传染期的，学校应要求其父母或者其他法定监护人带其到具备传染病救治条件的医疗机构接受治疗。治疗期在半年以上的，应要求其办理休学手续。

经县级以上医疗机构认定患有其他疾病不能在学校进行正常学习的学生，专业部应要求其办理休学手续。

第十八条　休学期限为一年。学生休学期间保留学籍。休学期满仍不能复学者，应当持县级以上医疗机构的证明或其他有效证明，续办休学手续。

第十九条　学生休学期满应及时办理复学手续。由学生本人和监护人提出复学申请并填写《烟台市中等职业学校学生休（复）学申请表》，学校审核盖章后，报市教育局职成教科备案。未申请复学的，专业部应通知学生或其父母、其他监护人办理复学手续。

第二十条　学生超过应复学时间二周以上未答复申请办理复学手续或未提出继续休学申请的，按自动退学处理。连续休学两年以上，仍不能复学的，应予退学。

第二十一条　学生擅自离校，专业部应通知学生父母或者其他监护人，督促学生返校。学生擅自离校二周以上，或一学期旷课累计达90课时以上，按退学处理并报各级教育行政部门注销其学籍。

第二十二条　按照学校规定给予学生开除学籍处分的，专业部应及时通知学生或其父母、其他法定监护人并报各级教育行政部门注销其学籍。

第二十三条　学生因其他原因自愿退学，由学生、学生父母或其他法定监护人填写《退学申请表》，经专业部、总务处、德育处、教务处、学校审批通过后，由教务处报各级教育行政部门注销其学籍。

第六章　成绩考核、升级、留级、跳级

第二十四条　学生应当按照学校规定参加教学活动。公共基础课程学习应达到国家教育行政部门发布的教学大纲的基本要求，专业技能课程学习应当达到相应专业全日制的教学要求。

第二十五条　专业部按照国家或行业有关标准和学校有关要求组织考试、考查。

第二十六条　学生所学课程考试、考查不合格，专业部应当提供补考机会，补考时间由专业部确定。

第二十七条　考试、考查和学生思想品德评价结果，学校应当及时记入学生学籍档案。

第二十八条　学生在每一学段内升级采取直升式，不允许留级和跳级。

第七章　工学结合与顶岗实习

第二十九条　专业部应当按照相关法律法规和国家教育行政部门文件规定，以及学校相关管理规定组织学生顶岗实习。

第三十条　学生顶岗实习和工学结合阶段结束后，应当由企业和学校共同完成学生实习鉴定。专业部应当将学生实习单位、岗位、鉴定结果等情况记入学籍档案。

第八章　毕业

第三十一条　学生思想品德合格，修满教学计划规定的全部课程且成绩合格，顶岗实习或工学结合实习鉴定合格的，准予毕业，颁发毕业证书。

第三十二条　毕业证书由主管教育行政部门确认，学校统一发放。证书规格由省教育厅制定。

第三十三条　毕业证遗失或者损坏的，经本人申请，由学校和主管教育行政部门核实后出具相应的学历证明。

第九章　附则

第三十四条　教务处、专业部、班主任要对学生学籍信息严格管理，不得随意拷贝或向社会泄露。凡泄露学生信息的，视情节对责任人给予处分。

第三十五条　教务处、专业部、班级应保证学生学籍信息的准确真实，凡弄虚作假，乱开休学、毕业证明，涂改学籍档案、为学生建立双重学籍的，视情节对责任人给予处分。

第三十六条　各专业部根据本规定，结合本专业部实际，制定具体办法实施细则。

本规定由教务处负责解释，本规定自 2021 年 3 月 1 日起执行。

《违纪学生处分细则》

第一条　为严格学校管理，教育学生自觉遵守履行教育法律法规规定的义务，规范学生处分程序，根据有关法律、法规及学籍管理规定，制定本规定。

第二条　处分学生遵循依法、公正、教育优先、保护学生合法权益、非歧视、严格控制受处分人数的原则。

第三条　处分的种类：警告、严重警告、记过、留校察看、劝其退学、开除学籍。

第四条　学生在校期间（含实习、社会实践期间）犯有错误，学校给予批评教育，并按"违纪积分"制度给予积分。如与下列条款有冲突，按以下条款执行。

第五条　有下列行为之一的，给予警告或严重警告处分：

1. 无正当理由一学期内累计旷课超过 16 课时（含）以上不超过 40 课时的（每天按 8 课时计，每周按 5 天计）；

2. 考试中有作弊行为的；

3. 在校内不听劝告第一次发现吸烟的除上述处分外强制回家戒烟，时间不少于 7 天；

4. 故意损坏公物或他人物品，造成损失的，除了按价赔偿外，给予相应处分；

5. 打架斗殴，恶意辱骂他人的（初犯，情节较轻、影响不大）；

6. 有偷窃行为，或强行向他人索要财物的（初犯、情节轻微）；

7. 进入不宜进入的营业性歌舞厅、游戏厅等场所，或在校学习期间逃课进入网吧的（初次）；

8. 在宿舍内存放哑铃、臂力器等可伤害他人的健身器材的；

9. 在学校饲养宠物的；

10. 累计违纪积分达到二十分到三十分的。

第六条　有下列行为之一的，给予记过或留校察看处分：

1. 同时有本规定第五条中两项及以上不良行为的；

2. 无正当理由连续旷课一周40课时（含），一学期内累计旷课超过40课时以上不超过80课时（含）的，每天按8课时计，每周按5天计；

3. 不服从教师正当管理，有辱骂教师行为，情节轻微的；

4. 纠集校外人员扰乱学校秩序，滋事打架，或毁坏、偷窃公物或他人财物的（情节较轻）；

5. 打架斗殴，恶意辱骂他人的或参与团伙或聚众斗殴，情节轻微的；

6. 观看、收听淫秽音像制品、读物的；

7. 寄宿学生夜不归宿、私自外出没有造成严重后果的；

8. 有欺凌行为但情节轻微没有造成影响的；

9. 累计违纪积分达到五十分到六十分的。

第七条　有下列行为之一的，给予劝退或开除学籍处分：

1. 受留校察看处分期间，仍然律己不严继续有违纪行为的。

2. 无正当理由连续旷课两周80课时（含）或一学期内累计旷课120课时（含）以上的。

3. 不服从教师正当管理，有威胁、挑衅、侮辱、殴打或唆使他人殴打学校教职工等行为的。

4. 打架斗殴、行凶、赌博、吸毒等，造成严重后果的。

5. 校内外拦截他人威胁、辱骂、殴打、强行索要财物，或有抢劫、敲诈行为的。

6. 传播淫秽读物或音像制品，进行淫乱或色情、卖淫活动的。

7. 破坏公共设施，偷窃国家、集体或个人财物，造成严重损失和危害的。

8. 反对中国共产党的领导，组织煽动闹事，扰乱社会秩序，破坏安定团结，造成一定后果的。

9. 男女同学之间有过密行为经教育不改的或发生不正当交往行为的。

10. 在校学生禁止文身，一经发现责令其立即回家清洗，清洗后方可返校上课。拒不清洗的，予以劝退或开除。

11. 携带管制刀具、藏刀、水果刀、甩鞭、甩棍、四指防身戒指或扳指、仿真枪、弹弓、弓弩及其他一切危险器具进校园的；宿舍存放任何刀具的。

12. 校内外饮酒的，一经发现予以开除。

13. 利用微信、博客、直播等网络平台制造、传播虚假、不良信息等内容造成后果的。

14. 校内发现吸烟的责令回家戒烟一周，回家戒烟返校后又发现在校内吸烟的。

15. 在校内携带和保存强酸、强碱、有毒、易燃、易爆等危险化学品，一经发现予以没收，并视情况给予留校试读、劝退或开除处分。

16. 有欺凌行为并给当事人或其他同学造成影响的。

17. 累计违纪积分达到六十分以上，且有严重违纪的。

第八条　对犯有本规定第七条情形之一的学生，在给予处分后，可依据有关法律规定，送相关部门进行矫治或管教。

第九条　除劝退和开除学籍处分外，受处分的学生有明显进步的，可根据表现逐步撤销其处分。

第十条　处分学生程序

学生发生违纪行为后，由德育处或专业科调查处理，程序如下：

1. 组织调查、核证学生违纪事实，形成书面材料。

2. 依据学校管理规定按"处分学生意见书"格式形成初步处理意见，严重违纪需给予开除处分的，连同原始调查材料报送分管校长签字执行。

3. 将学校审核后处理决定以"奖罚通知单"形式在处分决定通过之日起 3 日内通知被处分学生本人及其监护人。学校视学生的年龄和心理状况决定是否发布处分通告。

第十一条　建立处分申诉制度

当事学生有陈述权、申辩权。学校对其陈述和申辩有责任进行复查，且不得因其陈述和申辩而加重处分。学生对处分不服的，允许保留意见，可在接到处分决定之日起 5 日内向分管校长提出书面申诉，由分管校长组织由学生代表、教师代表、中层干部不少于七人组成申诉委员会做最终裁定。

第十二条　对学生的处分决定应存入学生本人档案。撤销处分的，应将处分决定取出，专业科或德育处留存至少一年。

第十三条　其他说明

1. 受开除学籍处分的学生，不发给学历证明。

2. 受劝退处分的学生，发给学历证明。

3. 受留校察看及以下处分的学生，毕业时处分撤销的，发给相应的毕业证书，毕业时处分未撤销的，毕业证书按规缓发，缓发时长：积分 50 分（含）以下缓发半年，50 分—100 分（含）缓发一年，依次 50 分增加半年；处分没消除的缓发半年；未完成规定学业的由专业科、教务科另行处理。

第十四条　本规定由德育处负责解释。

《学生品德考评办法》

第一章　学生违纪积分制度

为规范学生行为，评价学生日常行为表现，建立学生违纪积分制度。

第一条　对学生的违纪行为，视其性质、情节，按规定记录违纪积分并记档。

第二条　违纪积分积累达20分、30分、40分、50分者，分别给予警告、严重警告、记过、留校察看处分。

第三条　同时，鼓励违纪学生做好事，对学生的积极行为，视质量、数量记录奖励积分并记档。

第四条　违纪积分与奖励积分可相互抵消（受留校察看处分者，奖励积分记档累积，待察看期满后综合察看期间表现合并处理）。

第五条　违纪积分和奖励积分分值以《班级量化考评办法》中的规定为依据。

第二章　学生思想品行量化考评制度

为综合评价学生思想品行，建立学生思想品行量化考评制度。

第六条　从纪律、卫生、作息、活动、学习等方面考评。

第七条　将学生的违规表现和优秀表现依据《班级量化考评办法》中相关规定量化成分值。

第八条　以学期为单位汇总，作为评选各级先进的重要依据并存入学生个人档案。

第九条　以班级为单位实施考评，各班级针对实际制定具体考评细则。